Kiefer · Gradwohl

Die moderne Getreideküche

Bildnachweis:

Titelbild:	Mühle Kianek
Mühle Kianek:	Seite 24
Foto Eisl:	Seite 7, 12, 17
DigitalVision:	Seite 8, 11, 13, 15, 19, 41
Peter Bárci:	Seite 49, 51, 57, 61, 65, 69, 75, 81, 87, 93, 95, 97, 99, 101, 103, 105, 107, 113, 117, 121, 125
MEV:	Seite 6, 18, 40
Stockbyte:	Seite 26
Photo Alto, Isabelle Rozenbaum & Frédéric Cirou:	Seite 14
Photo Alto, Jean-Blaise Hall:	Seite 16
Kneipp-Verlag, Hubert Liebenberger:	Seite 1, 27, 28, 29, 30, 31, 32, 33, 34, 45, 53, 79, 83, 91, 109

ISBN 978-3-7088-0401-9

Autoren: Univ.-Doz. Dr. Ingrid Kiefer
Peter Gradwohl

Lektorat: Martina Schäffer, Kneipp-Verlag
Layout, technische Bearbeitung: Hubert Liebenberger, Kneipp-Verlag
Druck: Druckerei Theiss GmbH, A-9431 St. Stefan

1. Auflage Leoben, März 2007

Kiefer · Gradwohl

Die moderne Getreideküche

Inhalt

Vorwort ... 6

Einleitung ... 7

Was ist drin im Getreide ... 10

Ballaststoffe – aber kein unnötiger Ballast ... 11

Vitamine und Mineralstoffe ... 15

Besondere Schutzstoffe im Getreide ... 19
Phenolsäuren ... 20
Tocotrienole ... 21
Saponine ... 22
Phytinsäure ... 22
Protease-Inhibitoren ... 23
Phytoöstrogene ... 23

Spezielle Wirkungen der Getreideinhaltsstoffe ... 26
„Klug durch Getreide?“ ... 26
„Schön durch Getreide?“ ... 26
„Schlank durch Getreide?“ ... 26

Getreidearten – das kleine Getreide-Einmaleins ... 27
Amaranth ... 27
Buchweizen ... 27
Dinkel ... 28
Gerste ... 28
Grünkern ... 29
Hafer ... 29
Hirse ... 30
Kamut ... 30
Mais ... 31
Quinoa ... 31
Reis ... 32
Roggen ... 32
Triticale ... 33
Weizen ... 33

Inhaltsstoffe einzelner Getreidesorten ... 35

Spezielle Getreideprodukte ... 38

Der richtige Umgang mit Getreide in der Küche ... 39

Tipps für die Getreideküche ... 40
Getreide richtig kochen ... 40

Wichtige Tipps fürs Backen zu Hause ... 43

REZEPTE ... 45

Literatur ... 129

Rezeptregister ... 130

Rezepte

Kleine Gerichte ... 45

Grünkernaufstrich ... 46
Überbackene Grießschnitten ... 46
Chicorée-Gratin ... 47
Bulgur-Orangen-Salat ... 47
Hirse-Soufflé ... 48
Dinkelsalat mit Emmentaler ... 48
Tomaten-Dinkel-Crostini ... 50
Grünkernsuppe ... 50
Bulgur-Gemüse-Suppe ... 52
Hirsesuppe ... 52

Hauptspeisen ... 53

Amaranthgemüse mit Hühnchen ... 54
Amaranth-Gemüse-Eintopf ... 54
Buchweizen mit Kohl ... 55
Bulgur-Auflauf mit Schafkäse ... 55
Bulgur-Kohlsprossen-Pfanne ... 56
Bulgurpfanne mit Putenstreifen ... 56
Dinkel-Kartoffel-Laibchen mit Sauerkraut ... 58
Schinken-Bulgur-Auflauf ... 58
Dinkelrisotto ... 59
Dinkelrisotto mit Pilzen ... 59
Buchweizengnocchi mit Tomatensoße ... 60
Eierschwammerln mit Vollkorn-Semmelknödel ... 62
Dinkel-Tascherln mit Käsefüllung ... 63
Dinkel-Tascherln mit Lauch-Tofu-Füllung ... 64
Dinkel-Käsespätzle ... 66
Gefüllte Paprika ... 67
Steirischer Krautstrudel ... 68
Germknödel mit Dinkelvollkornmehl ... 70
Vollkorn-Kaiserschmarren ... 70
Gersten-Spinat-Auflauf ... 71
Getreideporridge ... 71
Gerstenknödel mit Lauch-Käse-Soße ... 72
Grünkern-Käse-Laibchen ... 73
Grünkernauflauf mit Käse ... 73
Nudelauflauf mit Tomaten und Mozzarella ... 74
Polentaschnitten ... 76
Hirselaibchen ... 76
Hafer-Karotten-Laibchen ... 77
Gemüsepalatschinken ... 77
Quinoa-Fleisch mit Gemüse ... 78
Kamut-Hirse-Palatschinken mit Gemüsefülle ... 78
Hirsenockerln auf Zucchini-Paprika-Gemüse ... 80
Quinoa-Nuss-Laibchen mit Kürbissoße ... 81
Italienischer Nudelauflauf ... 81
Kamut-Tascherln mit Spinat-Schafkäse-Fülle ... 82
Pizzateig Grundrezept ... 84
Schnelle Pizza ... 85
Zartweizen-Lauch-Laibchen ... 86
Reisfleisch ... 86
Reis-Gemüse-Topf ... 88
Vollkorn-Strudelteig Grundrezept ... 88
Nudeln ... 89
Selbst gemachte Nudeln mit Ei ... 89
Selbst gemachte Nudeln ohne Ei ... 90
Vollkorn-Nudeln mit Basilikum und Knoblauch ... 90

Süßes ... 91

Nuss-Rosinen-Weckerln ... 92
Kamut-Dinkel-Biskuitroulade ... 92
Haferbrei mit Erdbeeren ... 94
Grünkern-Vanille-Creme mit frischen Früchten ... 94
Hirseschnitten ... 96
Hirse-Biskotten ... 96
Quinoa-Auflauf ... 98
Striezel aus Dinkel ... 98
Briochestriezel aus Kamutmehl ... 100
Topfenpalatschinken ... 100
Grießnudeln ... 102
Polenta-Auflauf ... 102
Dinkel-Kamut-Buchteln ... 104
Powerkugeln ... 104
Vollkorn-Dinkel-Sachertorte ... 106
Vollkorn-Teekuchen ... 108
Vollkorn-Teegebäck ... 108

Brot und Gebäck ... 109

Herstellung eines Sauerteiges ... 110
Dinkelbrot ... 111
Dinkel-Hafer-Brot ... 112
Amaranth-Brot mit Kürbiskernen ... 112
Dinkel-Kipferln mit Kürbiskernen ... 114
Dinkel-Grünkern-Baguette mit Oliven ... 115
Grünkern-Sauerkraut-Brot ... 116
Dinkel-Walnuss-Brot ... 116
Dinkel-Kleingebäck ... 118
Dinkel-Sesam-Laibchen ... 119
Dinkel-Mohn-Laibchen ... 119
Dinkel-Kümmel-Laibchen ... 119
Dinkel-Salzstangerln ... 120
Dinkel-Soja-Weckerl ... 120
Hirsebrot ... 122
Kamutbrot mit Hafer und Hirse ... 122
Karotten-Nuss-Brot ... 123
Grünkernweckerln mit Mozzarella ... 123
Spargelbrot ... 124
Quinoa-Weckerln mit Sonnenblumenkernen ... 124
Käse-Bierstangen ... 126
Gewürzter Quinoa-Wecken mit Sauermilch ... 127
Quinoa-Knoblauchflade ... 127
Parmesan-Kipferl ... 128

Vorwort

Getreide und daraus hergestellte Produkte bilden seit Jahrtausenden die Grundlage der Ernährung und sollten auch heute die Basis unserer täglichen Ernährung darstellen.
Viele beschränken ihren Getreidekonsum aber auf Brot und Reis. Dabei ist Getreide gerade auch in der modernen Küche vielseitig einsetzbar.

Spezielle Körnerprodukte, wie Bulgur oder Couscous, ermöglichen raffinierte Gerichte in kurzer Zeit. „Fast Food" ist also auch in der Getreideküche ein Thema.

Getreide, und hier vor allem Vollkorngetreide, enthält eine Reihe von wertvollen Inhaltsstoffen, die in der Vorbeugung von vielen Krankheiten, vor allem aber in der Vorbeugung von Herz-Kreislauf-Erkrankungen und Krebserkrankungen eine wichtige Rolle spielen.

Dieses Buch soll allen helfen, Getreidegerichte in den täglichen Speiseplan einzubauen. Durch die vielen Tipps und Tricks in der Getreideküche und natürlich durch die köstlichen Rezepte wird es besonders leicht, raffinierte Gerichte herzustellen.

Einleitung

Als Getreide bezeichnet man die ganze Pflanze und die ausgedroschenen, reifen Körnerfrüchte verschiedener kultivierter Graspflanzen.

Es ist seit der Entstehung der ersten landwirtschaftlichen Strukturen das wichtigste Grundnahrungsmittel des Menschen.

Mit Beginn der landwirtschaftlichen Revolution vor ungefähr 10.000 Jahren kam es durch das vermehrte Angebot an Getreide und stärkehaltigen Nahrungsmitteln zu einer hohen Zufuhr an pflanzlichen Produkten. Es wird geschätzt, dass in dieser Zeit 90 % der Nahrungsbestandteile von der Pflanze stammten.

Kamut

Erst mit der Umzüchtung von wilden Tieren zu Haustieren stieg der tierische Anteil in der Nahrung wieder an. Dieser Anstieg setzte sich mit der Industrialisierung vor etwa 200 Jahren immer weiter fort.

Die pflanzenbetonte, energiearme, kohlenhydrat-, ballaststoff- und vitalstoffreiche Ernährung wurde durch eine energie- und fettreiche, aber kohlenhydrat-, ballaststoff- und vitalstoffarme Ernährung ersetzt.

Der Getreidekonsum ist bei uns um fast 70 % gesunken und nur mehr 10 % des Getreidekonsums erfolgen in Form von Vollkorn.

Parallel zu dieser Ernährungsänderung kam es auch zu einer drastischen Zunahme aller so genannten „Zivilisationskrankheiten", wie Herz-Kreislauf-Erkrankungen, Übergewicht, Zuckerkrankheit, Gicht.

Aber auch viele Krebserkrankungen, insbesondere die ernährungsabhängigen Krebserkrankungen, sind stark angestiegen.

Bereits 20 – 60 % aller Krebserkrankungen sind auf eine falsche Ernährung zurückzuführen und könnten somit leicht verhindert werden. Es wird heute vermutet, dass eine Ernährungsumstellung in Richtung

Tipp

Täglich 6 Getreideportionen!

Eine Portion Getreide entspricht:

- 1 Scheibe Brot
- 30 g Getreideflocken
- 125 g gekochtem Getreidebrei
- 125 g gekochtem Reis
- 125 g gekochten Nudeln

„gesunde Ernährung“ (= fettarme, ballaststoffreiche Kost) die Krebshäufigkeit um durchschnittlich 35 % senken könnte, wobei eine Verminderung bei Magen- und Dickdarmkrebs um bis zu 90 %, bei Krebsformen der Gebärmutter um 20 % und bei anderen Krebsarten um 10 % möglich ist.

Seit der intensiven Erforschung der Pflanzeninhaltsstoffe mit antikanzerogener Wirkung wird eine pflanzenbetonte Kost immer wichtiger.

Alle vorbeugenden Ernährungsempfehlungen auf wissenschaftlicher Basis empfehlen „mehr von der Pflanze“.

Internationale und nationale Krebsgesellschaften empfehlen sogar „5 a day“, 5-mal am Tag Obst und Gemüse und zusätzlich mindestens 6 Getreideportionen, da diese Lebensmittelgruppe die Basis jeder Ernährung darstellen soll.

Beim Getreide und bei den Getreideprodukten sind alle Vollkorngetreidesorten und die daraus hergestellten Produkte (wie Gebäck) besonders für die tägliche Ernährung geeignet.
Sie sollten die Basis darstellen.

Besonders geeignete Getreideprodukte	Eingeschränkt geeignete Getreideprodukte	Weniger geeignete Getreideprodukte
» Vollkornbrot » Vollkorngebäck » Knäckebrot » Vollkorngetreide » Reis » Müsli, ungezuckert	» Backwaren aus stark ausgemahlenem Getreide » alle stark ausgemahlenen Getreideprodukte » Vollkornprodukte mit hohem Fettgehalt » Vollkornprodukte mit hohem Zuckergehalt » Vollkornprodukte mit reichlich Eiern » Müsli, gezuckert	» Ausgemahlene Getreideprodukte mit hohem Fett- und/oder Zuckergehalt (z. B. Croissants, Butterkekse, Sahnetorten, Blätter- und Plunderteiggebäck)

Getreideprodukte aus stark ausgemahlenen oder geschälten Produkten oder Gerichte aus Vollkorn, die durch andere Zutaten (sehr viel Fett, sehr viele Eier) „entwertet" werden, sind nur mehr eingeschränkt empfehlenswert. Von ihnen sollte man täglich nur 2 Portionen zu sich nehmen.

Weniger geeignete Getreideprodukte sind alle Gerichte, die neben stark ausgemahlenem Getreide auch noch sehr viel Fett und/oder Zucker enthalten. Dazu zählen alle Süßspeisen. Aus dieser Gruppe sollte man pro Woche höchstens nur 2 – 3 Portionen konsumieren.

Was ist drin im Getreide?

Getreide enthält durchschnittlich 8 – 15 % **Eiweiß**, wobei dies je nach Art, Sorte, Boden, Düngung und klimatischen Verhältnissen variiert.

Der Gehalt nimmt von außen nach innen im Korn ab. Getreide-Eiweiß enthält die acht essentiellen (lebensnotwendigen) Aminosäuren (Eiweißbausteine), die man unbedingt braucht, um aus diesem Nahrungseiweiß Körpereiweiß aufzubauen (= biologische Wertigkeit).

Fehlt eine dieser acht lebensnotwendigen Aminosäuren kann kein Körpereiweiß aufgebaut werden oder ist eine dieser Aminosäuren nur in geringen Mengen vorhanden, ist diese die „limitierende" und nur geringe Mengen des Nahrungseiweißes können umgewandelt werden.

Im Getreide (außer Mais) ist die essentielle Aminosäure Lycin und im Mais der Eiweißbaustein Tryptophan nur in geringen Mengen enthalten. Durch Kombination von Getreideprodukten mit Lebensmitteln, die hohe Mengen dieser „limitierenden" Aminosäuren enthalten, erhöht sich die biologische Wertigkeit, es kommt zu einem guten Ergänzungswert.

Bestimmte Getreidesorten enthalten auch ein Klebereiweiß (= Gluten), das für die Entstehung der Zöliakie (Sprue) verantwortlich ist. Bei entsprechend genetisch prädisponierten Personen kommt es bei dieser Erkrankung bereits durch kleine Mengen Gluten zu einer Immunreaktion und zur Darmschädigung (vor allem zur Atrophie – Rückbildung – der Dünndarmzotten). Gluten enthalten die Getreidesorten *Weizen, Roggen, Gerste, Hafer, Grünkern, Dinkel* und *Kamut*.

Getreide enthält relativ wenig **Fett** (nur bis zu 2 % bei Weizen und Roggen und bis zu 7 % bei Hafer und Mais), das sich vor allem im Keim konzentriert. Dieses Fett setzt sich überwiegend aus mehrfach ungesättigten

Tipp

Erhöhung der biologischen Wertigkeit des Getreides durch Kombination mit:

- Milch und Milchprodukten (z. B. Getreideauflauf mit Käse überbacken, Grieß-, Haferbrei)
- Fleisch, Fisch, Ei (z. B. Eintöpfe)
- Hefe (z. B. Brot, Mehlspeisen)
- Hülsenfrüchten

Tipp

Kombinieren Sie das fettarme Getreide nur sparsam mit Fetten und Ölen und verhindern Sie so, dass Ihr Getreidegericht zu einer Energie- und Fettbombe wird.

Fettsäuren zusammen und ist auch für die begrenzte Haltbarkeit von Körnern und Vollkornmehlen verantwortlich.

Wie alle pflanzlichen Lebensmittel enthält auch Getreide kein **Cholesterin.**

Getreide- und Getreideprodukte sind auch sehr reich an zusammengesetzten **Kohlenhydraten** (60 – 80 %), vor allem an Stärke.

Die rohe Stärke der meisten Getreidesorten ist langsam, aber vollständig verdaulich. Erst durch das Erhitzen wird diese leichter und schneller verdaulich.

Ballaststoffe – aber kein unnötiger Ballast

Ballaststoffe, nach heutigem Wissen kein unnötiger Ballast, erfüllen ganz wesentliche Funktionen im Körper. Getreide enthält vor allem die Ballaststoffe *Zellulose, Arabinoxylane,* β*-Glucane* (vor allem in Hafer und Gerste), *phenolische Ester* und *Lignin.*

Die Wirkung der Ballaststoffe ist von ihren physikalischen Eigenschaften abhängig. Man unterscheidet zwischen löslichen (vorwiegend in Obst und Gemüse) und unlöslichen (vorwiegend in Getreide) Ballaststoffen.

Die Ballaststoffe Zellulose und Lignin haben eine fasrige Struktur. Sie müssen aus diesem Grund besonders gut gekaut werden. Dies hat bereits sehr positive Effekte: Durch das intensive Kauen erhöht sich die Speichelproduktion und damit die im Speichel enthaltene Bicarbonatkonzentration, was sich

sehr vorteilhaft auf die Zahngesundheit auswirkt, da Bicarbonat die von Bakterien gebildeten Säuren neutralisiert. Langes Kauen sättigt auch bereits. Ballaststoffreiche Nahrungsmittel liegen auch länger im Magen. Damit wird wiederum das Hungergefühl gedämpft und eine übermäßige Nahrungsaufnahme durch eine natürliche Sättigung verhindert.

Die im Getreide enthaltenen unlöslichen Ballaststoffe wirken besonders im Verdauungstrakt: Durch sie nimmt das Stuhlvolumen zu. Werden beispielsweise 14 g Ballaststoffe durch Vollkornbrot gegessen, erhöht sich das Stuhlvolumen zwischen 70 und 90 g. Dadurch kommt es zu einer Verkürzung der Transitzeit und somit zu einer Vorbeugung vor Verstopfung, Divertikulose, aber auch vor Krebserkrankungen des Darmes, da mögliche giftige, krebserregende Stoffe schneller ausgeschieden werden. Ballaststoffe aus Obst und Gemüse (lösliche Ballaststoffe, wie Pektin) beeinflussen das Stuhlvolumen nur mäßig.

Der Schutz vor Darmkrebs durch Ballaststoffe kann aber auch noch durch andere Mechanismen erfolgen. Ballaststoffe werden im Dickdarm fermentiert. Dabei entstehen kurzkettige Fettsäuren, wie das Butyrat. Dieses dient den Darmzellen als Energiequelle und schützt so auch möglicherweise vor der Entstehung von Krebserkrankungen im Darm.

Anhand von Studien wurde festgestellt, dass Personen mit einer ballaststoffreichen Ernährung ein etwa um 40 % vermindertes Risiko haben, an **Dickdarmkrebs** zu erkranken, als Personen mit einer niedrigen Ballaststoffzufuhr.

Ob nur die Ballaststoffe alleine schützen oder ob auch andere Faktoren mitspielen, wie ein hoher Gehalt an sonstigen Schutzstoffen (Vitamin C, bioaktive Substanzen), aber auch ein niedriger Anteil an tierischem Eiweiß oder Fett in einer ballaststoffreichen Kost, ist noch unklar.

Ein hoher Fettkonsum gilt deshalb als Risiko, weil es dadurch zu einer gesteigerten Gallensekretion kommt.

Somit gelangen mehr Gallensalze in den Dickdarm, wo durch Darmbakterien Stoffwechselprodukte entstehen, die als *Karzinogene (= krebserregende Stoffe)* bzw. *Kokarzinogene (Vorstufen von krebserregenden Stoffen)* wirken.

Bei einer überhöhten Eiweißzufuhr wird hingegen vermehrt Harnstoff gebildet, der ins Darmvolumen kommt und dort zu Ammoniak gespalten werden kann. Ammoniak steht im Verdacht ein Kokarzinogen zu sein.

Zahlreiche Untersuchungen sprechen dafür, dass wahrscheinlich eine Eiweißzufuhr durch rotes Fleisch das Dickdarmkrebsrisiko steigert. Hier ist noch unklar, ob die Zubereitung (und damit die Entstehung von krebserregenden Stoffen), die vermehrte Zufuhr von tierischem Fett oder andere Faktoren eine Rolle spielen.

Möglicherweise haben die Ballaststoffe aber auch auf die Entstehung von Brustkrebs Einfluss. Eine ballaststoffreiche Ernährung senkt wahrscheinlich das Brustkrebsrisiko. Besonders zeigt sich dies bei Frauen nach der Menopause. Es wird vermutet, dass eine fettarme, ballaststoffreiche Kost den Stoffwechsel der Östrogene im Körper beeinflusst.

Vollkorngetreide kann auch möglicherweise das Risiko für Magenkrebs senken. Ganz sicher weiß man dies von Obst und Gemüse.

Ballaststoffe **schützen aber auch vor Herz-Kreislauf-Erkrankungen**, indem sie Einfluss auf den **Cholesterinspiegel** haben.

Die löslichen Ballaststoffe des Hafers und Pektin (im Obst) können den Cholesterinspiegel senken. Gesenkt wird das LDL-Cholesterin (= „schlechtes Cholesterin"), während der HDL-Spiegel (= „gutes Cholesterin") unverändert bleibt. Effektiv sind in diesem Zusammenhang auch die löslichen Ballaststoffe der Gerste.

Bereits der Verzehr von 50 – 100 g Hafer pro Tag (in Form von Backwaren oder Frühstückszerealien) senkt den Cholesterinspiegel.

Im Hafer sind es die als β-Glucane bezeichneten Ballaststoffe, die diese Wirkung erzielen.

Der cholesterinsenkende Effekt der Ballaststoffe hat mehrere Ursachen. Cholesterin wird im Körper zu Gallensäure umgebaut, Ballaststoffe binden diese und helfen so mit, den Cholesterinspiegel auf natürliche Weise zu senken.

Im Dickdarm können Ballaststoffe ja durch die Darmbakterien fermentiert werden. Dabei entstehen so genannte kurzkettige Fettsäuren (z. B. Essigsäure, Buttersäure, Ameisensäure). Diese gelangen durch die Darmzellen in den Körper. Die Ameisensäure gelangt durch die Blutgefäße bis zur Leber, wo sie ein wichtiges Enzym der Cholesterinbildung blockiert. Dadurch wird weniger körpereigenes Cholesterin produziert und der Cholesterinspiegel sinkt. Der wichtigste Effekt ist aber auch, dass eine ballaststoffreiche Ernährung meist immer auch fettarm ist. Eine fettreiche Ernährung kann unabhängig vom Cholesteringehalt der verzehrten Lebensmittel den Cholesterinspiegel erhöhen.

Keinen Einfluss auf den Cholesterinspiegel haben aber die sonst im Getreide vorkommenden unlöslichen Ballaststoffe (Weizenkleie, Zellulose).

Ballaststoffe können auch das **Immunsystem** beeinflussen. Speziell die ballaststoffreichen *Randschichten* des Getreides haben hier eine besonders gute Wirkung. Sie wirken direkt auf Immunzellen, sie können aber auch unspezifische Abwehrmechanismen in Gang setzen.

Wirkung der Ballaststoffe:

Allgemein

- vergrößern das Volumen und haben einen höheren Sättigungseffekt
- beeinflussen die Aktivität der Verdauungsenzyme
- erhöhen das Stuhlgewicht und verkürzen die Transitzeit des Stuhles
- positiver Einfluss auf die Darmflora

Speziell

- Einfluss auf den Blutzuckerspiegel
- cholesterinsenkende Wirkung
- positiver Einfluss auf das Immunsystem
- schützen vor Krebserkrankungen

Vitamine und Mineralstoffe

Getreide und die daraus hergestellten Produkte sind wichtige **Vitamin- und Mineralstoffquellen.** Besonders hervorzuheben ist der Gehalt an **B-Vitaminen (B_1, B_2, Niacin, Pantothensäure, B_6, Biotin)** und **Folsäure. Vitamin E** kommt in Kombination mit den Keimölen vor, da es dieses vor der Oxidation schützt. Es ist vorwiegend im Keimling lokalisiert.

Besonders reich an **Vitamin B_1** sind *Amaranth, Weizenkleie, Weizenvollkornmehl, ungeschälter* und *parboiled Reis, Hirse, Gerste* und *Hafer.* Vitamin B_1 (Thiamin) ist ein wichtiger Bestandteil bei vielen biochemischen Prozessen, es steuert den Kohlenhydrat- und Energiestoffwechsel und ist bei der Reizleitung der Nerven beteiligt. Ein leichter Mangel führt bereits zu Müdigkeit, allgemeiner Schwäche, Nervenstörungen, Depressionen, Gedächtnis- und Konzentrationsschwäche, Appetitlosigkeit, Verdauungsstörungen, Infektionsanfälligkeit und auch Kopfschmerzen.

Vitamin B_2 (Riboflavin) ist in größerer Menge in den Keimen enthalten. 100 g Weizenkeime enthalten bereits die Hälfte der empfohlenen Tageszufuhr an Vitamin B_2. Gute Riboflavin-Quellen sind Amaranth, Mais, Gerste und Roggen.
Neben den zahlreichen wichtigen Funktionen im Stoffwechsel ist Vitamin B_2 besonders wichtig für die Haut. Ein Mangel führt zu Rissen in den Mundwinkeln, zu Veränderungen an den Lippen und der Nase, aber auch zum Brüchigwerden der Fingernägel. Ein schwerer Mangel zeigt sich unter anderem durch Entzündungen der Haut und der Schleimhaut im Verdauungstrakt.

Auch **Niacin** kann für die Haut und das Nervensystem wichtig sein. Ein Mangel führt zu einer trockenen und rissigen Haut, aber auch zu Durchfall, Gewichtsverlust durch verringerten Appetit, Schlaflosigkeit, Müdigkeit, Schwindel, Kopfschmerzen und in schweren Fällen auch zu Depressionen und Verwirrungszuständen. Niacin findet sich in *Gerste, Bulgur, Hafer, Hirse, Weizen* und *ungeschältem Reis.*

Auch die **Pantothensäure** wird als Hautvitamin bezeichnet. Sie ist aber auch an vielen anderen Funktionen des Stoffwechsels betei-

ligt, so wird sie auch unter anderem für die Herstellung von Gallensäuren, Cholesterin und Fettsäuren benötigt. Sie ist ebenfalls an verschiedenen Entgiftungsreaktionen beteiligt. Pantothensäure ist weit verbreitet, so auch in *Roggen, Hafer, Weizen, Hirse, Buchweizen* und *Reis.*

Biotin wirkt auch direkt auf die Bildung der Haut und wird deshalb als „Hautfaktor" bezeichnet. Ein Mangel kommt zwar selten vor, könnte jedoch durch einen übermäßigen Genuss von rohem Eiweiß (enthält einen Gegenspieler, das Avidin) entstehen. Besonders biotinreich sind die Getreidesorten *Hafer, Weizen* und *Gerste.*

Wesentlich für das Nervensystem, die Immunabwehr und die Bildung des roten Blutfarbstoffes ist auch das **Vitamin B_6** (Pyridoxin). Alle Getreidesorten enthalten dieses Vitamin, aber *Hafer* und *Hirse* in besonders großen Mengen.

Getreide enthält neben den B-Vitaminen auch **Folsäure.** Diese ist wichtig für die Zellvermehrung und somit für den Aufbau von Gewebe. In Verbindung mit dem Vitamin B_{12} ist sie für die Bildung und Reifung roter Blutzellen erforderlich und auch am Homocystein-Abbau (genauso wie Vitamin B_6 und B_{12}) beteiligt.

Folsäure-Mangel bewirkt Anämie, Schleimhautveränderungen in der Mundhöhle, Durchfall, Schwangerschaftskomplikationen und Störungen in der Haarbildung und im Haarwachstum. Da das für die Gefäße giftige Homocystein nicht abgebaut werden kann, besteht die Gefahr für Thrombosen, Herzinfarkt und Verengungen der Hauptschlagadern. Hervorragend im Folsäuregehalt sind *Weizenkeime.*

Vitamin D, B_{12} und **Vitamin C** fehlen aber gänzlich. **Vitamin A** findet man vorwiegend im Mais.

Alle Vitamine sind vorwiegend im Keimling und in den benachbarten Kornbereichen und weniger im Mehlkörper lokalisiert. Werden diese bei der Verarbeitung entfernt, sinkt der Vitamingehalt dementsprechend. Deshalb sollte man ganze Körner oder Mehle mit einer hohen Typenzahl verwenden.

Durch hydrothermische Behandlung des Getreides wird versucht, die Vitamine der

Randschichten in den Mehlkörper diffundieren (durchdringen) zu lassen (= Parboiled-Verfahren). Dadurch kommt es zu einer ernährungsphysiologischen Aufwertung der entsprechenden Produkte (z. B. *Parboiled-Reis*).

Auch die Hauptmenge der **Mineralstoffe** im Getreide findet sich in den Randschichten und im Keimling. Beim Weizen beispielsweise enthält die Schale rund 20-mal so viel Mineralstoffe wie der Mehlkörper.

Nennenswert ist der Gehalt an **Kalium, Magnesium, Kalzium, Phosphor, Eisen, Kupfer, Zink** und **Mangan.**

Kalium, ein Mengenelement, wirkt wie das Natrium in den Zellen auf den osmotischen Druck. Es ist unter anderem verantwortlich für die Erregbarkeit der Muskeln und Nerven. Ein Mangel ist gekennzeichnet durch Müdigkeit, Muskelschwäche, Darmträgheit, Herzstörungen, Appetitlosigkeit, Schwächezustände und Blutdruckabfall. Besonders kaliumreich sind *Quinoa, Weizenkeime, Roggen* und *Amaranth.*

Magnesium, das verstärkt in der Vorbeugung von Herzinfarkt seine Anwendung findet, ist in sehr hohen Mengen im Getreide enthalten. *Amaranth* und *Quinoa* haben den höchsten Anteil.

Hier reichen ca. 100 g aus, um die empfohlene Tageszufuhr zu decken. Magnesium aktiviert eine Reihe von Enzymen des Energiestoffwechsels und ist für die Funktion der Nerven und Muskeln sowie für den Aufbau der Knochen und Sehnen erforderlich. Bei Mangel kommt es zu Krämpfen, Muskelzucken, Gewichtsabnahme und Herzrhythmusstörungen.

Dinkel

Getreide und Getreideprodukte sind zwar keine klassischen **Kalzium-Quellen,** sie enthalten aber auch diesen Mineralstoff. Der Gehalt schwankt zwischen 14 mg/100 g bei Gersteprodukten und 214 mg/100 g bei *Amaranth.* Die Verfügbarkeit aus den Getreideprodukten ist nicht sehr hoch, da andere Nahrungsinhaltsstoffe, wie Phytinsäure oder einige Bestandteile von Ballaststoffen, die Aufnahme in den Körper erschweren. Kalzium ist besonders wichtig für die Knochen- und Zahnbildung. Es beeinflusst die Erregbarkeit der Nerven und Muskeln

und ist unerlässlich für die Blutgerinnung. Durch einen Mangel kommt es zur Entmineralisierung des Skelettes.

Genauso wie das Kalzium kann auch **Phosphor** von der im Getreide enthaltenen Phytinsäure gebunden werden. Phosphor kommt aber in fast allen Lebensmitteln vor, so dass ein Mangel sehr selten ist. Alle Getreidesorten sind besonders phosphorreich. Phosphor ist auch Baustein von Knochen, Zähnen und Zellen. Die zentrale Aufgabe liegt im Energiestoffwechsel, dort dient er der Übertragung, Speicherung und Verwertung von Nahrungsenergie.

Eisen, ein Spurenelement, das Bestandteil des Blutfarbstoffes ist und somit am Transport von Sauerstoff im Blut beteiligt ist, ist aus Getreide (und allen anderen pflanzlichen Nahrungsmitteln) nur bis zu 10 % verwertbar. Zahlreiche sonstige Inhaltsstoffe, wie Phytinsäure, Tannine, Ballaststoffe, Kalzium oder auch Phosphat hemmen die Aufnahme von Eisen aus dem Darm in den Körper. Diese Verwertbarkeit lässt sich aber durch Vitamin C, Fruchtsäuren oder andere organische Säuren (z. B. Milchsäure) bis auf das 7fache erhöhen. Eisenmangel ist weltweit der am weitesten verbreitete Nährstoffmangel. Eine Unterversorgung kann die körperliche Leistungsfähigkeit herabsetzen, die Infektionsanfälligkeit erhöhen, aber auch zu einer allgemeinen Abgeschlagenheit, Erschöpfung und Müdigkeit führen.

Alle Getreidesorten enthalten Eisen. Besonders hoch ist aber der Gehalt in *Amaranth, Quinoa, Hirse* und *Hafer*.

Vollkorngetreide ist auch eine gute Zinkquelle. In niedrig ausgemahlenen Mehlen bzw. den daraus hergestellten Produkten ist der Zinkgehalt sehr niedrig. Wiederum gibt es auch beim Zink eine ganze Reihe von Stoffen, die die Aufnahme in den

Organismus hemmen. Dazu gehören Phytat, ein hoher Kalziumgehalt und eine hohe Zufuhr von Kupfer. Aber auch verschiedene Ballaststoffe (Zellulose, Hemizellulose, Lignin) können die Aufnahme herabsetzen. Zink ist wichtiger Bestandteil von Enzymen und dem Blutplasma und es wird auch für die Bildung der Speicherform des Insulins benötigt.

Ein Mangel führt durch die zahlreichen Funktionen bei allen Stoffwechselvorgängen zu vielen Reaktionen: Wachstumsstörungen, Appetitverlust, Verlust von Geschmacks- und Geruchsempfindungen, verminderte Wundheilung, Zwergwuchs, Immunschwäche, Verhaltensstörungen und Haarlosigkeit.

Getreide ist aber auch eine gute Quelle für die Spurenelemente **Kupfer** und **Mangan.** Der **Selengehalt** ist im Getreide aber stark standortabhängig. Auch Selen befindet sich vor allem in den Randschichten des Getreidekorns. Der Gehalt ist demnach in Vollkornmehlen deutlich höher als in Mehlen mit hohem Ausmahlungsgrad (Weißmehl).

Der Mineralstoffgehalt des Korns wird auch für die Typisierung des Mehles herangezogen: Die Mehltype bezeichnet den mittleren Mineralstoffgehalt in mg in 100 g Mehl. Demnach hat Mehl mit der Type 405 also insgesamt 405 mg Mineralstoffe pro 100 g und Mehl der Type 1050 1.050 mg Mineralstoffe pro 100 g Mehl. Helle, stark ausgemahlene Mehle haben immer eine niedrige Typenzahl und dunkle Mehle eine hohe.

Besondere Schutzstoffe im Getreide

Neben den Hauptbestandteilen (Stärke, Eiweiß, Fett, Ballaststoffe) und den Vitaminen und Mineralstoffen sind noch so genannte **bioaktive Substanzen** im Getreide enthalten.

Diese besonderen Schutzstoffe (= *sekundäre Pflanzeninhaltsstoffe* = *„phytochemicals“*) sind gesundheitsfördernde Substanzen in Lebensmitteln, die keinen Nährstoffcharakter im engeren Sinne haben, sondern unter anderem Geschmacks- und Duftstoffe, natürliche Farbstoffe und pflanzeneigene Enzyme sind. In der Natur existieren bis zu 100.000 solcher Pflanzeninhaltsstoffe, allerdings sind erst höchstens 5 % davon chemisch analysiert worden.

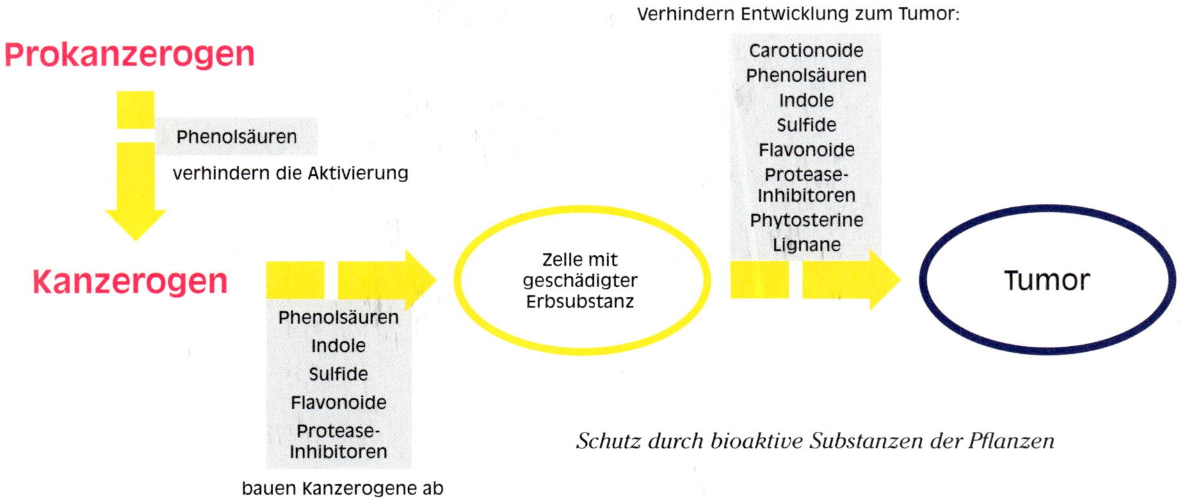

Schutz durch bioaktive Substanzen der Pflanzen

Sie verhindern die Aktivierung von *kanzerogenen (= krebserregenden) Vorstufen (= Prokanzerogen)* oder aktivieren Systeme der Immunabwehr, die Kanzerogene (= krebserregende Stoffe) abbauen können. Sie können auch die Weiterentwicklung von bereits geschädigten Zellen verhindern und wirken als so genannte Radikalfänger (Abbildung oben).

Neben der Vorbeugung von Krebserkrankungen haben bioaktive Substanzen auch noch andere gesundheitsfördernde Wirkungen. Sie können das Immunsystem stärken, gegen Infektionen wirken, den Cholesterinspiegel senken und unter anderem antimikrobiell wirken.

Getreide enthält die bioaktiven Substanzen **Phenolsäuren, Phytinsäure, Phytoöstrogene, Protease-Inhibitoren, Saponine und Tocotriencole.**

Phenolsäuren

Phenolsäuren gehören genauso wie die Flavonoide zu den Polyphenolen. Die am häufigsten vorkommenden Phenolsäuren sind die Kaffee- und Ferulasäure. Im Getreide sind sie vorwiegend in den Randschichten, insbesondere in der Kleie.

So enthält Vollkornweizen beispielsweise 500 mg/kg Phenolsäuren und ausgemahlenes Weizenmehl (Type 405) nur mehr rund 70 mg/kg. Der Grund dafür ist in den Eigenschaften der Phenolsäuren zu sehen.

Sie sind **Antioxidantien** und schützen das unter den Randschichten liegende Gewebe vor Sauerstoffmolekülen.

Auch im menschlichen Körper wirken sie als Antioxidantien. Sie schützen sauerstoffempfindliche Substanzen, aber auch andere Antioxidantien, wie zum Beispiel Vitamin E.

Bioaktive Substanzen schützen 3fach vor der Entstehung von Krebskrankheiten:

- Sie verhindern, dass krebsauslösende Stoffe überhaupt entstehen.
- Sie können krebsauslösende Substanzen in harmlose Stoffe umwandeln.
- Sie hemmen das Wachstum von Krebszellen.

Bioaktive Substanzen wirken aber auch noch:

- antimikrobiell
- antioxidativ
- immunmodulierend
- entzündungshemmend
- cholesterinsenkend
- Blutdruck beeinflussend
- Blutzuckerspiegel beeinflussend
- verdauungsfördernd

Durch die Entfernung der Randschichten des Getreides, geht die Hauptmenge der Phenolsäuren verloren.

Die gesundheitsfördernde Wirkung der Phenolsäuren beruht aber auch auf der Vorbeugung von **Krebserkrankungen**. In Tieruntersuchungen konnte besonders die Entstehung von Magen-, Speiseröhren-, Haut- und Lungenkrebs verhindert werden.

Phenolsäuren können Entgiftungsenzyme aktivieren, krebserregende Stoffe binden, die Aktivierung von Prokanzerogenen hemmen, die endogene Bildung von krebserregenden Stoffen verhindern und so vor Krebserkrankungen schützen.

Zusätzlich besitzen sie eine **antimikrobielle Wirkung**, das heißt, sie hemmen das Wachstum von Bakterien, Pilzen, Hefen und Viren.

Wirkung von Phenolsäuren:

- schützen vor Krebserkrankungen
- verhindern schädliche Oxidationen
- stärken das Abwehrsystem
- unterdrücken das Wachstum von Bakterien, Viren und Pilzen

Tocotrienole

Tocotrienole sind chemisch mit den Tocopherolen (Vitamin E) verwandt. Sie haben aber durch ihre Struktur eine geringere Vitamin-E-Wirkung. Ihre Hauptwirkung liegt in der **Hemmung der Cholesterinsynthese** in

Wirkung von Tocotrienolen:

- senken den Cholesterinspiegel

der Leber, was in der Folge zu einer **Reduktion des Cholesterinspiegels** führt.

Besonders reich an Tocotrienolen sind die Samen von Gerste, Hafer und Roggen.

Saponine

Saponine sind seifenähnliche Inhaltsstoffe, die stark bitter schmecken. Im Wasser führen sie zu einer starken Schaumbildung. Sie können Komplexe mit Eiweiß oder Fetten oder auch Cholesterin bilden. So wirken sie hauptsächlich im Magen-Darm-Trakt. Sie können den **Cholesterinspiegel senken**, indem sie mit dem Cholesterin unlösliche Komplexe bilden. Durch ihren Wirkungsort können sie auch das **Risiko für Dickdarmkrebs senken**, indem sie so genannte sekundäre Gallensäuren, die im Darm krebserregend sind, binden und so verhindern, dass diese lange auf die Darmwand einwirken. Zusätzlich **stimulieren sie das Immunsystem** mehr Antikörper zu bilden, was auch wieder zu einer antikanzerogenen Wirkung führt.

Wirkung von Saponinen:

- schützen vor Krebserkrankungen
- stärken das Abwehrsystem
- senken den Cholesterinspiegel
- hemmen das Wachstum von Bakterien, Viren und Pilzen

Besonders hoch ist der Saponin-Gehalt in Hülsenfrüchten. Aber auch Gerste, Hafer, Reis, Roggen und Weizen enthalten Saponine. Sie werden beim Kochen ins Kochwasser ausgeschwemmt. Aus diesem Grund sollte man dieses weiter verwenden.

Phytinsäure

Phytinsäure kommt in den Randschichten von Getreide vor. Sie kann Kalzium, Eisen und Zink binden und somit die Ausnutzung dieser Mineralstoffe aus der Nahrung herabsetzen. So galt die Phytinsäure lange Zeit als *„antinutritive"* Substanz in Lebensmitteln, bei der man immer wieder versucht hat, diese zu entfernen. Neueste Untersuchungen zeigen aber, dass Phytinsäure auch positive Wirkungen haben kann. Sie wirkt regulierend auf den Blutglukosespiegel und **antioxidativ**, damit **schützt** sie möglicherweise **vor Krebserkrankungen**, insbesondere vor **Darmkrebs**. Der Nachweis ist im Tierversuch bereits erbracht, steht beim Menschen allerdings noch aus. Man vermutet aber, dass der relativ hohe Phytingehalt ballaststoffreicher Getreidesorten (im gleichen Maße wie die Ballaststoffe) selbst ein präventiver Faktor in der Senkung des Dickdarmkrebsrisikos ist.

Wirkung von Phytinsäure:

- schützt vor Krebserkrankungen
- verhindert schädliche Oxidationen
- stärkt das Abwehrsystem

Protease-Inhibitoren

Proteasen sind Enzyme, die Nahrungsproteine in einzelne Bausteine (Aminosäuren) aufspalten. Protease-Inhibitoren hemmen diese Enzyme. Sie können mit der Nahrung aufgenommen, aber auch vom Körper selbst hergestellt werden. Sie sind im Pflanzenreich weit verbreitet, besonders hohe Mengen sind in Reis, Mais, Hafer und Weizen enthalten.

Durch das Erhitzen oder auch durchs Keimen verringert sich die Aktivität um bis zu 80 %. Protease-Inhibitoren besitzen in unerhitzter Form eine verdauungshemmende Funktion. Aus diesem Grund werden die Hülsenfrüchte üblicherweise gekocht.

Ihnen wird eine **antikanzerogene Wirkung** nachgesagt, da sie auch tumorspezifische Proteasen, die an der Krebsentstehung beteiligt sind, hemmen können. Diese Wirkung zeigt sich vor allem beim **Schutz vor Leber-, Magen-, Darm-, Dickdarm- und Mundhöhlenkrebs.** Diskutiert wird aber auch eine antioxidative und entzündungshemmende Wirkung.

Wirkung von Protease-Inhibitoren:

- schützen vor Krebserkrankungen
- verhindern schädliche Oxidationen

Phytoöstrogene

Phytoöstrogene sind in ihrer Struktur dem weiblichen Geschlechtshormon Östrogen sehr ähnlich. Zu ihnen zählen Isoflavonoide und Lignane. Chemisch gesehen, zählen beide Substanzgruppen zu den Polyphenolen.

Isoflavonoide sind hauptsächlich in Hülsenfrüchten und besonders in Sojabohnen enthalten.
Lignane sind weit verbreitet, da das Lignin Bestandteil der Zellwand ist. Besonders hoch ist der Gehalt in Leinsamen, Weizenkleie und Vollkorngetreide.

Durch ihre Lokalisation in den Außenschichten nimmt ihr Gehalt mit dem Ausmahlungsgrad des Getreides ab. Sie sind aber relativ hitzeunempfindlich, so dass sie auch in gekochter Form ihre Wirkung nicht verlieren.

Die hormonelle Aktivität der Phytoöstrogene ist jedoch deutlich geringer als die des im Körper gebildeten Östrogens. In Abhängigkeit von der Konzentration und der Menge des vom Körper gebildeten Östrogens wirken Phytoöstrogene als „Antiöstrogene“.

Wirkung von Phytoöstrogenen:

- schützen vor Krebserkrankungen
- verhindern schädliche Oxidationen
- stärken das Abwehrsystem
- schützen vor Herz-Kreislauf-Erkrankungen
- schützen vor Osteoporose
- verringern Wechselbeschwerden

Zahlreiche epidemiologische Studien und Untersuchungen an Tieren zeigen, dass sie durch ihren Einfluss auf Hormonstoffwechsel und -produktion insbesondere vor **hormonabhängigen Tumoren**, wie **Brust-, Gebärmutterschleimhaut- und Prostatakrebs** und möglicherweise auch vor **Dickdarmkrebs schützen.** Nach derzeitigem Wissensstand wirken sie auch **stimulierend auf das Immunsystem**, schützen vor **Herz-Kreislauf-Erkrankungen, Osteoporose** und **verringern Wechselbeschwerden.**

Wichtige Inhaltsstoffe der Hauptgetreidesorten – im Überblick

Getreidesorte	Vitamine*	Mineralstoffe*	Sekundäre Pflanzeninhaltsstoffe
Buchweizen	B_1, B_2, Niacin, Pantothensäure, B_6, Folsäure	Kalium, Phosphor, Eisen, Zink, Kupfer, Mangan	Phytinsäure, Phenolsäuren
Gerste	B_1, B_2, Niacin, B_6, Biotin, Folsäure	Kalium, Magnesium, Phosphor, Eisen, Zink, Mangan	Phenolsäuren, Phytoöstrogene (Lignane), Protease-Inhibitoren, Saponine, Tocotrienole, Phytinsäure
Hafer	B_1, B_2, Niacin, B_6, Biotin, Folsäure	Kalium, Magnesium, Phosphor, Eisen, Zink, Kupfer, Mangan	Protease-Inhibitoren, Phytinsäure, Phenolsäuren, Phytosterine, Saponine
Mais	A, B_1, B_2, B_6, Folsäure	Kalium, Magnesium, Phosphor, Zink	Protease-Inhibitoren, Carotinoide, Phenolsäuren
Reis	B_1, Niacin, Pantothensäure, B_6, Biotin	Kalium, Magnesium, Phosphor, Eisen, Zink, Mangan	Protease-Inhibitoren, Phenolsäuren, Saponine, Tocotrienole, Phytinsäure
Roggen	B_1, B_2, Pantothensäure, B6, Folsäure	Kalium, Magnesium, Phosphor, Eisen, Zink, Kupfer, Mangan	Phenolsäuren, Phytoöstrogene (Lignane), Protease-Inhibitoren, Saponine, Tocotrienole, Phytinsäure
Weizen	B_1, B_2, Niacin, Pantothensäure, B_6, Folsäure	Kalium, Magnesium, Phosphor, Eisen, Zink, Kupfer, Mangan	Phenolsäuren, Phytoöstrogene, Protease-Inhibitoren, Saponine, Tocotrienole, Phytinsäure

Legende: *) nennenswerte Mengen

Tipp

Verwenden Sie bevorzugt Vollkorngetreide, da die meisten bioaktiven Substanzen in den Randschichten oder im Keimling enthalten sind.

Spezielle Wirkungen der Getreideinhaltsstoffe

„Klug durch Getreide?"

Getreide und vor allem der Hafer wird als besonderes **Brain Food** bezeichnet. Er ist ein klassisches gehirn- und nervenstärkendes Getreide. Er hat reichlich B-Vitamine, Magnesium und Cholin, aber auch eine Reihe von essentiellen Aminosäuren. So z. B. Tyrosin, das als Fitmacher für Körper und Geist angesehen wird.

Hafer enthält bestimmte aminosäureabbauende Enzyme, die aus Tyrosin hormonartige Wirkstoffe (u. a. Dopamin) bilden. Es wird daher vermutet, dass Hafer (wie alle tyrosinreichen Lebensmittel) über diese hormonellen Regelkreise die geistig-nervliche und körperliche Leistungsfähigkeit günstig beeinflussen kann und uns entspannter auf Stressreize reagieren lässt.

„Schön durch Getreide?"

Vollkorngetreide enthält eine Reihe von B-Vitaminen und Mineralstoffen, die sich besonders günstig auch auf Haut, Nägel und Haare auswirken. Die im Keimling enthaltenen Öle sind besonders reich an der Linolsäure. Diese ist lebenswichtig für die Haut. Fehlt diese, kommt es zu schuppigen Hautausschlägen.

Vollkorngetreide enthält auch Kieselsäure (freie Form des Spurenelementes Silicium), die im Stoffwechsel von Bindegewebe, Knorpel und Kochen sehr wichtig ist. Alles in allem ist Getreide auch ein richtiges „Beauty Food"!

„Schlank durch Getreide?"

In Kombination mit einer gesunden Ernährung bestehend aus viel Obst und Gemüse und regelmäßiger Bewegung sind Getreide und Getreidegerichte die richtige Grundlage für alle, die abnehmen wollen. Die enthaltenen Kohlenhydrate (= Stärke) werden langsam abgebaut und sind daher die ideale Schlankheitskost. Sie sättigen zusätzlich durch ihren hohen Ballaststoffgehalt, haben viele andere Vitalstoffe und verhindern, dass man schnell wieder hungrig wird. Einfach ideal für die schlanke Linie!

Getreidearten – Das kleine Getreide-Einmaleins

Amaranth

Amaranth

Amaranthus spp.

Amaranth wird auch Inkaweizen genannt, da Amaranth das Hauptnahrungsmittel der Azteken und Inkas war. Ist wie der Buchweizen ein „Pseudo-Getreide", das besonders reich an Mineralstoffen ist und eine bessere Proteinqualität als andere Getreidesorten aufweist.

Amaranth ist wie die Hirse aber auch reich an Gerbstoffen, die zum Beispiel die Verfügbarkeit von Eisen, Vitamin B_1, B_6 und Eiweiß im Darm verringern. Amaranth enthält kein Klebereiweiß.

Verwendung: Müsli; Mehl: Feingebäck (macht es feuchter und süßer), Kekse, Pfannkuchen, Waffeln; Samen: Popcorn.

Buchweizen/Heidekorn

Fagopyrum spp.

Die ungeschälten dunkelbraunen Früchte sind dreieckig. Die harte Schale ist für den Verzehr nicht geeignet. Auch langes Kochen kann diese nicht weich werden lassen. Aus

Buchweizen

diesem Grund wird er nur geschält angeboten. Buchweizen ist besonders reich an Kalium, Eisen, Kalzium, Magnesium, Kieselsäure, Vitamin B_1, B_2 und Vitamin C. Außerdem enthält er Lecithin, aber kein Gluten.

Die biologische Wertigkeit seines Eiweißes übertrifft alle anderen Getreidesorten. Zerkleinerter und gerösteter Buchweizen wird als Kasha bezeichnet, der vor allem in Osteuropa verzehrt wird und das aus gerösteten Samen gewonnene Mehl ist das Heidenmehl.

Hinweis: Die Randschichten des Buchweizens enthalten einen roten Farbstoff, das Fagopyrin, das unter Umständen die Haut gegenüber Sonneneinstrahlung empfindlicher macht und Hautentzündungen hervorrufen kann. Da sich dieser Farbstoff im Wasser löst, sollte der Buchweizen vor dem Kochen heiß gewaschen werden.

Verwendung: Suppen, Aufläufe, Sterze, Grütze, Pfannkuchen, als Beilage (wie Reis) verwendbar; Kasha: Beilagen, Suppen.

Dinkel

Triticum spelta

Dinkel ist eine Weizenart. Die Körner fallen beim Dreschen nicht aus den Spelzen, sondern müssen in einem zusätzlichen Arbeitsgang und einem besonderen Verfahren entfernt werden.
Das hat den Vorteil, dass Dinkel im Vergleich zu anderen Getreidesorten weitaus weniger mit Umweltgiften belastet ist. Durch

Dinkel

den Gehalt an hochwertigem Klebereiweiß hat er sehr gute Backeigenschaften und ist geschmacklich ausgezeichnet.

Verwendung: zum Backen, Müsli, Teigwaren.

Gerste

Hordeum vulgare

Die Gerste ist das älteste Kulturgetreide und wird in zahlreicher Form, unter anderem als Gerstenmehl und Gerstenkeime, angeboten.
Bei den Gerstengraupen handelt es sich um geschälte Körner der Gerste, die auch als Rollgerste im Handel sind. Aus Gerste wird auch Malz hergestellt. Malzextrakt ist in feuchter Wärme gekeimte Gerste, deren Stärke durch den Keimprozess in Malzzucker und Dextrin umgewandelt wurde. Aus gekeimter und gerösteter Gerste wird Malzkaffee hergestellt. Dieser ist koffeinfrei und reizstoffarm.

Gerste

Verwendung:
Brei, Beilagen; Graupen/Grütze: Beilagen, Suppen; Schrot: Aufläufe, Pfannkuchen, Omeletten, Puddings; Mehl: Süßspeisen, Schleim: Diätetikum für Kleinkinder und in der Krankenkost, Malzbonbons, Kakao-Malz-Getränke; Bier, Branntwein.

Grünkern

Grünkern ist der Dinkel, der in der so genannten Milchreife geerntet und anschließend bei ca. 120 °C gedarrt (= getrocknet) wird.

Durch diesen Vorgang werden die Körner olivgrün und das Aroma wird würzig, nussartig.

Nicht zum Backen und Keimen geeignet. Grünkernschrot ist ideal für die schnelle Küche.

Verwendung:
Müsli, Laibchen, Suppen, pikante Gerichte.

Grünkern

Hafer

Avena sativa

Hafer ist ein Rispengras. Man unterscheidet Spelz- und Nackthafer. Er ist besonders reich an Ballaststoffen, Mineralstoffen (Magnesium) und Vitamin B_1. Hafer enthält kein Klebereiweiß. Haferflocken entstehen durch das Dämpfen und Rollen von geschälten Haferkörnern. Durch die Hitzeeinwirkung des Dämpfens werden Enzyme

Hafer

inaktiviert und damit wird einem Bitterwerden der Flocken vorgebeugt. Haferkleie wirkt besonders cholesterinsenkend. Warmer Haferbrei wirkt beruhigend auf Magen und Darm.

Verwendung: Risotto; Flocken: Müsli, Breie (Porridge), Haferschleim, Suppen, Füllungen für Geflügel, Gemüsegerichte, Mehlspeisen; Haferkleie: Müsli, Backwaren, Suppen.

Hirse

Panicum miliaceum

Mit dem Begriff Hirse bezeichnet man einen Sammelbegriff für verschiedene, einjährige Getreidesorten, die botanisch zu den Süßgräsern gehören. Die Hirsesorten unterscheiden sich in ihrer Wachstumsform. Goldhirse ist die Handelsbezeichnung für die geschälte Speisehirse.
Nach Amaranth, Quinoa hat Hirse einen sehr hohen Fettgehalt. Außerdem ist sie reich an Magnesium, Lecithin und Kieselsäure.

Im Vergleich zu den anderen Getreidesorten zeichnet sie sich auch durch den hohen Gehalt an Eisen aus. Hirse enthält auch kein Klebereiweiß (Gluten) und eignet sich so für Zöliakie-Patienten.
Die so genannte Sorghumhirse aus Afrika hat ein besonders nussiges Aroma. Teff ist eine Hirseart, die in Äthiopien kultiviert ist.

Verwendung: Hirse kann anstelle der meisten Getreidearten verwendet werden. Besonders geeignet für Suppen, Müsli, süße und pikante Gerichte. Hirsemehl: Fladen und als Zusatz für Backwaren; Hirseflocken: Suppen, Süßspeisen, Müsli, Laibchen.

Hirse

Kamut

Triticum turgidum

Kamut ist ein züchterisch unverfälschtes Urgetreide, das aus Ägypten stammt. Charakteristisch sind die großen Körner (oft

Kamut

3-mal größer als Weizenkörner). Kamut ist besonders eiweißreich und zeichnet sich vor allem durch besonders gute Backeigenschaften aus und kann wie Weizen verarbeitet werden.

Verwendung:
Brot, Gebäck, Teigwaren, Müsli.

Mais

Zea mays saccharata

Mais ist ein Getreidegras und stammt aus den Anden. Feldmais wird zur Gewinnung von Maismehl und Maisstärke und Puffmais zur Herstellung von Popcorn verwendet. Maiskeime sind besonders fettreich und werden unter anderem für die Ölherstellung herangezogen.
Dieses Öl zeichnet sich vor allem durch den hohen Gehalt an mehrfach ungesättigten Fettsäuren aus. Mais enthält auch keinen Klebereiweißstoff. Mais ist besonders reich an β-Carotin.

Verwendung:
Süßspeisen, Cornflakes, Popcorn; Gemüsemais: Salate, Aufläufe, Konserven; Maisgrieß: Polenta, Aufläufe, Fertigsuppen, Babykost; Maisstärke: Nährpräparate; Mehl: für diätetische Lebensmittel; Keim: Maiskeimöl.

Quinoa

Chenopodium quinoa

Quinoa ist auch ein „Pseudo-Getreide“. Die kleinen Körner ähneln im Aussehen der Hirse. Es enthält größere Mengen Saponine (Bitterstoffe), die durch Auswaschen oder Schälen weitgehend entfernt werden. Quinoa enthält auch kein Gluten. Es schmeckt nussig und wird wie Reis verwendet. Quinoa muss bei der Brotherstellung mit anderen Mehlen vermischt werden, da es alleine nicht backfähig ist.

Verwendung: Suppen, Kuchen, Beilage; gemahlen: Brot und Pfannkuchen.

Mais

Quinoa

Reis

Reis
Oryza sativa

Reis zählt neben Weizen zum Hauptgetreide in der Welternährung. Mehr als die Hälfte der Weltbevölkerung ernährt sich vom Reis. Man zählt heute ca. 8.000 Reissorten. Bei den Sorten unterscheidet man *Langkorn-, Mittelkorn-* und *Rundkornreis.*

Naturreis (brauner Reis) ist nur enthülst und enthält noch das Silberhäutchen und den Keim. Er hat dadurch den höchsten Nährstoffgehalt.

Rohreis (Paddyreis) ist ein ungeschälter, dunkelfarbiger Reis, der eine besonders lange Garzeit benötigt.

Weißer Reis (polierter Reis) wird geschält und poliert und verliert so das Silberhäutchen und den Keim. Er hat weniger Vitamine und Mineralstoffe.

Parboiled-Reis wird noch in der Spelze mit Druck und Dampf behandelt. Damit werden die vorwiegend in der Silberhaut enthaltenen Vitamine und Mineralstoffe in das Reiskorn gepresst. Erst nach dieser Behandlung wird er geschält und geschliffen.

Basmati-Reis (Duftreis) wird überwiegend am Fuße des Himalaya angebaut. Auch sein Geschmack erinnert an Nüsse.

Schnellkochender Reis ist weißer Reis, der bereits vorgegart ist und danach wieder getrocknet wurde. Er zeichnet sich durch seine besonders schnellen Garzeiten aus.

Puffreis wird gequollen und unter Druck gedämpft. Dadurch steigt seine Verdaulichkeit.

Wildreis hat eine schwarze Farbe und ähnelt im Aussehen Rosmarinnadeln. Er besitzt einen leicht rauchigen Nussgeschmack und übertrifft hinsichtlich seines Eiweiß-, Mineralstoff- und Vitamingehaltes die anderen Reissorten.
Wildreis ist kein Getreide, sondern eine Grasart, deren Samen die Grundnahrung nordamerikanischer Indianer bildeten.

Verwendung: Beilage, pikante und süße Gerichte, Suppen, Salate, Essig-, Wein- und Brandtweinerzeugnisse, Reiscrispies.

Roggen
Secale cereale

Der Roggen besitzt eine kräftige, lange Ähre, die mit Grannen besetzt ist und von einem besonders hohen Halm getragen wird. Das Roggenkorn ist länglich, die Farbe variiert

Roggen

von hellgelb, grünlich-gelb, bräunlich, rötlich bis schwarz-violett. Die Körner sind besonders nährstoffreich.

Roggen enthält wenig Klebereiweiß, dadurch dauert das Brotbacken länger und man braucht zusätzlich Sauerteig.

Verwendung: Basis für Aufläufe, Beilagen; Flocken: Müsli, Suppen; aus Roggen werden Whisky, Bier und bestimmte Wodkasorten gebrannt bzw. gebraut und wird Kaffeeersatz hergestellt.

Triticale

= Triticum x Secale

Dabei handelt es sich um eine Kreuzung zwischen Weizen und Roggen.
Damit enthält er den hohen Eiweißgehalt des Weizens und den hohen Gehalt an Lysin des Roggens.

Verwendung:
Teigwaren, Tortillas, Pfannkuchen.

Weizen

Triticum sativum

Weizen ist wie Reis ein Grundnahrungsmittel. Etwa ein Drittel der Weltbevölkerung ernährt sich größtenteils von Weizen. Hartweizen enthält einen hohen Eiweißgehalt, Weichweizen enthält hingegen sehr viel Stärke.

Als Besonderheit hat Weizen einen hohen Gehalt an Klebereiweiß (Gluten), das den Teig lockert und Brot und Gebäck das Gerüst gibt. Weizen ist besonders reich an Vitamin B_1, Magnesium und Mangan.
Die Weizenkleie hilft bei Darmträgheit. Aus Weizen werden auch *Couscous* und *Bulgur* hergestellt.

Couscous ist eine Mischung aus Grieß und Mehl, die angefeuchtet und anschließend gepresst und gerollt wird.

Bulgur wird aus geschälten, geschroteten und gekochten Weizenkörnern hergestellt.

Weizen

Couscous

Bulgur

Mittlerweile wird auch schon aus anderen Getreidesorten Bulgur produziert (Dinkel-Bulgur; Buchweizen-Bulgur).
Beide, Couscous und Bulgur, sind besonders schnell zubereitet.

Verwendung: Hartweizen: Brot, Teigwaren; Weichweizen: Kuchen Feingebäck; Flocken: Müsli; Schrot: Beilage, Süßspeisen; Grieß: typische Gerichte wie Grießnockerlsuppe, Gnocchi, Süßspeisen; Kleie: Müsli, Feingebäck, Kuchen, Kekse; Couscous: Beilage, Aufläufe, Salate; Bulgur: Beilage, Aufläufe.

Weizengluten können wie Fleischgerichte zubereitet werden (gekocht, gebacken, gebraten, gegrillt) und sind heute eine Alternative zu Fleisch.

Inhaltsstoffe einzelner Getreidesorten

Getreide (100 g)	Kcal	kJ	Eiweiß g	Fett g	gesättigte Fettsäuren g	einfach ungesättigte Fettsäuren g	mehrfach ungesättigte Fettsäuren g	Kohlenhydrate g	Ballaststoffe g	Biologische Wertigkeit %
Amaranth	365	1.526	14,6	8,8	*	*	4,1	56,8	12,0	*
Buchweizen	340	1.425	9,1	1,7	0,3	0,5	0,6	71,0	3,7	77
Bulgur	325	1.362	9,0	1,0	0,1	0,1	0,5	68,9	10,3	69
Gerste, Flocken	314	1.314	7,9	1,5	0,3	0,1	0,7	66,1	10,3	74
Gerste	320	1.338	9,8	2,1	0,4	0,2	0,9	64,3	9,8	74
Grünkern	324	1.358	10,8	2,7	0,4	0,3	1,2	63,2	8,8	69
Hafer, Flocken	370	1.548	12,5	7,0	1,3	2,5	2,8	63,3	5,4	60
Hafer	353	1.478	11,7	7,1	1,3	2,6	2,8	59,8	5,6	60
Hirse	354	1.480	9,8	3,9	0,9	0,8	1,7	68,8	3,8	47
Hirse, Flocken	354	1.480	9,8	3,9	0,9	0,8	1,7	68,8	3,8	47
Kamut	359	1.500	17,3	2,6	0,5	*	2,1	66,7	*	*
Mais	331	1.385	8,5	3,8	0,5	1,4	1,4	64,7	9,2	54
Mais, Grieß	345	1.444	8,8	1,1	0,1	0,4	0,4	73,8	5,0	54
Quinoa	343	1.437	13,8	5,0	*	*	2,6	60,8	4,4	*
Reis, geschält	349	1.461	6,8	0,6	0,1	0,2	0,2	77,7	1,4	72
Reis, parboiled	351	1.470	6,5	0,5	0,1	0,1	0,2	78,9	1,4	72
Reis, ungeschält	350	1.463	7,2	2,2	0,6	0,5	0,8	74,1	2,2	72
Roggen, Flocken	296	1.237	9,0	1,7	0,2	0,2	0,8	60,1	14,0	67
Roggen	294	1.230	9,0	1,7	0,1	0,2	0,8	59,7	14,0	67
Rollgerste	339	1.421	9,6	1,4	0,3	0,1	0,6	71,0	4,6	74
Weizen, Flocken	313	1.310	11,7	2,0	0,3	0,2	0,9	61,0	10,3	69
Weizen, Grieß	326	1.363	9,6	0,8	0,1	0,1	0,4	68,9	7,1	69
Weizen, Keim	314	1.313	26,6	9,2	1,4	1,2	3,8	30,6	17,6	68
Weizen, Kleie	172	721	14,8	4,7	0,7	0,5	2,1	18,7	45,4	74
Weizen	313	1.310	11,7	2,0	0,3	0,2	0,9	61,0	10,3	69
Weizen, Vollkornmehl	309	1.293	11,4	2,4	0,3	0,3	1,1	59,5	10,0	69
Weizenmehl, Type 1050	334	1.298	11,2	1,8	0,3	0,2	0,8	67,2	5,2	57
Weizenmehl, Type 550	337	1.412	9,8	1,1	0,2	0,1	0,5	71,0	4,1	51

Inhaltsstoffe einzelner Getreidesorten

Getreide (100 g)	Vit. A µg	β-Carotin µg	Vit. D µg	Vit. E mg	Vit. B_1 µg	Vit. B_2 µg	Niacin mg	Pantothensäure mg	Vit. B_6 µg	Biotin µg	Folsäure µg	Vit. B_{12} µg	Vit. C mg
Amaranth	*	*	*	*	800	190	*	*	*	*	*	*	3,6
Buchweizen	2,2	13	0	0,84	240	150	5,0	1,2	580	5	50	0	0
Bulgur	0	0	0	0,68	300	100	5,7	1,0	400	5	30	0	0
Gerste, Flocken	0	0	0	0,64	200	80	4,9	0,49	290	4	9	0	0
Gerste	0,2	1	0	0,67	430	180	7,1	0,7	560	10	65	0	0
Grünkern	0	0	0	0,3	300	100	3,3	1,2	300	6	50	0	0
Hafer, Flocken	0	0	0	1,5	590	150	3,3	1,1	160	20	24	0	0
Hafer	0	0	0	0,8	520	170	4,5	0,7	960	13	33	0	0
Hirse	0	0	0	0,41	433	109	4,3	1,0	750	6	20	0	0
Hirse, Flocken	0	0	0	0,41	433	109	4,3	1,0	750	6	20	0	0
Kamut	*	*	*	1,7	450	120	5,5	0,23	80	*	40	*	*
Mais	154	923	0	2,0	360	200	2,5	0,65	400	6	26	0	0
Mais, Grieß	44	264	0	0,7	130	40	2,2	0,55	150	6	5	0	0
Quinoa	*	*	*	4,7	280	350	0,5	*	*	*	*	*	4,4
Reis, geschält	0	0	0	0,2	60	32	2,4	0,63	150	3	29	0	0
Reis, parboild	0	0	0	0,3	440	30	4,6	0,9	402	3	11	0	0
Reis, ungeschält	0	0	0	0,7	410	91	6,4	1,7	670	12	16	0	0
Roggen, Flocken	2,0	12	0	1,8	350	170	3,3	1,5	290	5	56	0	0
Roggen	2,0	12	0	2,0	350	170	3,3	1,5	290	5	56	0	0
Rollgerste	0	0	0	0,20	92	80	5,3	0,5	220	4	20	0	0
Weizen, Flocken	3,3	20	0	1,4	459	107	7,1	1,2	440	6	49	0	0
Weizen, Grieß	0	0	0	0,8	120	38	2,9	0,5	85	1	22	0	0
Weizen, Keim	10,3	62	0	24,7	200	720	9,0	1	492	17	520	0	0
Weizen, Kleie	1	0	0	2,7	650	510	17,7	20,7	729	44	178	0	0
Weizen	3,3	20	0	1,4	459	107	7,1	1,2	440	6	49	0	0
Weizen, Vollkornmehl	1,7	10	0	1,5	470	170	7,1	1,2	460	8,3	50	0	0
Weizenmehl, Type 1050	0	0	0	0,6	439	70	3,3	0,63	243	2,9	22	0	0
Weizenmehl, Type 550	0	0	0	0,34	110	80	2,1	0,4	100	1,1	16	0	0

Inhaltsstoffe einzelner Getreidesorten

Getreide (100 g)	Natrium mg	Kalium mg	Kalzium mg	Magnesium mg	Phosphor mg	Schwefel mg	Chlor mg	Eisen mg	Zink mg	Kupfer µg	Mangan mg	Fluor µg
Amaranth	25	484	214	308	582	*	*	9	3,66	*	*	*
Buchweizen	2	324	21	85	254	80	12	3,2	2,5	900	2	170
Bulgur	5	262	30	140	319	100	22	4,7	3,0	560	2	50
Gerste Flocken	3	160	16	66	189	120	20	2	1,3	120	1,3	100
Gerste	18	444	38	114	342	120	23	2,8	2,5	373	1,7	120
Grünkern	3	447	22	130	411	140	20	4,2	3,5	260	3	60
Hafer, Flocken	7	348	54	139	391	200	61	4,6	4,1	530	4,5	37
Hafer	8	355	80	129	342	200	119	5,8	4,5	470	3,7	6
Hirse	3	43	20	170	310	100	15	9	1,8	850	1,9	50
Hirse, Flocken	3	43	20	170	310	100	15	9	1,8	850	1,9	50
Kamut	*	446	31	153	411	*	*	4,2	4,3	*	*	*
Mais	6	330	15	120	256	80	12	1,5	2,5	200	0,6	62
Mais, Grieß	1	80	4	20	73	80	15	1	0,41	75	0,1	60
Quinoa	10	804	80	276	328	*	*	8	4,3	*	*	*
Reis, geschält	6	103	6	64	120	78	27	0,6	0,5	130	2	50
Reis, parboild	6	150	24	28	110	100	40	2	1,7	340	3,9	40
Reis, ungeschält	10	150	23	157	325	90	230	2,6	1,5	240	1,1	50
Roggen, Flocken	2	450	64	120	350	130	20	3,7	2,5	295	2,7	150
Roggen	4	510	64	120	360	130	20	4,9	3,0	463	4,2	150
Rollgerste	5	190	14	65	189	120	110	2	2,1	400	1,3	240
Weizen, Flocken	8	381	38	128	241	140	55	3,3	2,7	459	3,7	90
Weizen, Grieß	1	112	17	30	87	130	87	1	3,3	150	0,6	60
Weizen, Keim	5	837	69	250	1.100	250	80	8	12	950	11,4	90
Weizen, Kleie	28	1.400	76	590	1.300	65	150	12,9	13,3	1500	3,7	100
Weizen	8	381	38	128	341	140	55	3,3	2,7	459	3,7	90
Weizen, Vollkornmehl	3	337	32	124	345	125	37	3,4	3,4	630	3,1	90
Weizenmehl, Type 1050	2	203	14	53	208	50	40	2,9	2,0	280	1,9	50
Weizenmehl, Type 550	3	126	16	10	113	10	50	1,5	1,2	185	0,76	50

Legende: *) Werte nicht bekannt

Spezielle Getreideprodukte

Getreide wurde im Laufe der letzten Jahrzehnte immer mehr verarbeitet. Ab etwa 1850 war weißes Brot aus fein gemahlenem und ausgesiebtem Mehl in Europa ein Statussymbol.

Durch verschiedene Schäl- und Mahlprozesse entstehen dementsprechende Produkte.

Getreide wird aber nicht nur zu Mahlerzeugnissen weiterverarbeitet, sondern auch zu anderen Produkten wie Popcorn, Reiscrispies, Stärke oder auch Stärkesirup und Puddingpulver.

Keimlinge und Sprossen

Werden Samenkörner unter enzymatischem Einfluss gespalten, entstehen Keimlinge und Sprossen.
Durch das Keimen sinkt der Fett- und Energiegehalt, aber der Gehalt an Vitaminen und Ballaststoffen steigt, die Mineralstoffe werden besser verwertbar und die biologische Wertigkeit des Eiweißes erhöht sich.

Weizen, Roggen, Hafer und *Gerste* eignen sich besonders fürs Keimen. *Reis* und *Hirse* gelingen nur selten und *Grünkern* eignet sich gar nicht.

Spezielle Getreideprodukte			
Keimlinge, Sprossen	enzymatisch gespaltene Samenkörner	**Grütze**	grob gemahlenes Getreide, Randschichten und Keimling werden entfernt
Kleie	Schalenteile des Korns	**Grieß**	körnig gemahlener Mehlkörper oder grob gemahlenes Korn (Vollkorngrieß)
Flocken	aus ganzen oder geschroteten Körnern, mit Wasserdampf behandelt und gepresst	**Schrot**	grob zerkleinertes Getreide (gröbste Mahlstufe), geschält oder ungeschält
Graupen	geschälte, entkeimte, geschliffene Körner	**Mehl**	fein gemahlenes Getreide

Der richtige Umgang mit Getreide in der Küche

Getreide und vor allem Getreideerzeugnisse ziehen sehr leicht Feuchtigkeit an und werden dann „muffig“.

Die beste Lagerung ist kühl, trocken und in gut belüfteten Vorratschränken.

Schmecken Getreideerzeugnisse schwach bitter oder erzeugen sie ein Kratzen im Hals, deutet dies bereits auf einen Fettverderb hin.

Milbenbefallenes Mehl riecht „süßlich-unangenehm“.

Haltbarkeit von Getreide und Getreideprodukten	
Selbst gemahlenes Mehl/Schrot	3 Wochen (im verschlossenen Behälter)
Vollkornmehl (Handelsware)	etwa 12 Monate*
Teigwaren (Handelsware)	etwa 24 Monate*
Couscous	etwa 18 Monate*
Flocken (Handelsware)	etwa 18 Monate*
Flocken (selbst gequetscht)	4 Wochen (im verschlossenen Behälter) Ausnahme: Hafer; nur frisch verwenden
Gekochtes Getreide	etwa 5 Tage im Kühlschrank

*) abhängig jeweils von Feuchtigkeit, Wärme, Behältnis; bei Handelsware immer das angegebene Mindesthaltbarkeitsdatum beachten

Tipps für die Getreideküche

Getreide richtig kochen!

Getreide und Getreideprodukte sind eigentlich ganz einfach in ihrer Zubereitung. Je nach Sorte sollten sie eingeweicht oder auch nur kurz gekocht werden.

Einweichen

Alle Getreidesorten, die eine harte Schale haben, sollten auf alle Fälle eingeweicht werden. Dazu zählen: **Weizen, Dinkel, Kamut, Roggen, Gerste.**

Eingeweicht wird, indem man die Körner 3 Minuten kocht, und anschließend 1 Stunde neben dem Herd quellen lässt oder sie 3 – 10 Stunden im kalten Wasser einweicht.

Bei Gerste reichen 1 – 3 Stunden und Roggen benötigt mindestens 5 Stunden. Einweichen von Getreide verkürzt die Garzeit. Amaranth, Hafer, Grünkern und Reis müssen nicht eingeweicht werden. Sie sind aber dadurch schneller gar.

Nicht eingeweicht werden alle „Kurzgarer“, wie Hirse, Buchweizen und Quinoa und Getreideschrot.

Tipp

Getreide immer erst salzen, wenn es bereits weich gekocht ist. Salz im Wasser verzögert nämlich das „Weichwerden“.

Garen

Getreide sollte man immer so kurz wie möglich kochen und je nach Beschaffenheit ausquellen lassen. In die kochende Flüssigkeit gibt man: Amaranth, Bulgur, Buchweizen, Couscous, Hafer, Hirse, Maisgrieß, Quinoa, groben Getreideschrot.

Nachquellen

Durch das Nachquellen kann sich die Bekömmlichkeit des Getreides erhöhen. Entweder schaltet man die Herdplatte ab und lässt den Topf noch stehen oder man stellt den Topf neben die Herdplatte und gibt ein Küchentuch zwischen Topf und Deckel. Durch das Nachquellen verkürzt sich auch wieder die Garzeit.

Tipp

- **Grieß immer in die kochende Milch geben, denn dann legt er sich kaum am Topfboden an.**
- **Schrot beim Garen immer häufig umrühren.**

  Auch das verhindert das Anlegen am Topfboden.

  Nach dem Garen kann man den geschlossenen Topf kurz ins kalte Wasser tauchen.

  Damit löst sich der Schrot gut vom Topfboden.

Kochzeiten der verschiedenen Getreidesorten			
Getreidekörner (250 g)	**Garzeit ohne Einweichen**	**Garzeit mit Einweichen**	**Garzeit mit Nachquellen**
Amaranth	45 Min.	Einweichen + 15 Min.	25 Min. + 35 Min. quellen
Buchweizen	15 – 20 Min.	-	5 Min. + 15 Min. quellen
Bulgur	10 – 15 Min.	-	5 Min. + 15 Min. quellen
Couscous	5 Min.	-	1 Min. + 5 Min. quellen
Dinkel	-	Einweichen + 30 Min.	Einweichen + 20 Min. + 40 Min. quellen
Gerste	-	Einweichen + 40 – 60 Min.	Einweichen + 10 Min. + 40 Min. quellen
Grünkern	40 Min.	Einweichen (2 – 3 Std.) + 20 Min.	Einweichen 10 Min. + 20 Min. quellen
Hafer	30 – 40 Min.	-	Einweichen 10 Min. + 20 Min. quellen
Hirse	30 Min.	-	10 Min. + 20 Min. quellen
Quinoa	25 Min.	-	10 Min. + 15 Min. quellen
Roggen	-	Einweichen + 1 Std.	Einweichen + 20 Min. + 40 Min. quellen
Weizen	-	Einweichen + 1 Std.	Einweichen + 20 Min. + 40 Min. quellen

Wichtige Tipps fürs Backen zu Hause

- Ihr Arbeitsraum (Küche) sollte stets warm sein (ca. 20 – 25 °C).
- Verarbeiten Sie sämtliche Zutaten – außer Wasser – bei Raumtemperatur (ca. 20 – 25 °C). Butter und Eier ein bis zwei Stunden vor dem Verarbeiten aus dem Kühlschrank nehmen.
- Mit der Flüssigkeit für den Teig (meistens ist es Wasser, manchmal auch Milch) regeln Sie die Teigtemperatur. Bei etwas kälteren Zutaten nehmen Sie wärmeres Wasser, bei etwas wärmeren Zutaten kälteres Wasser.
- Im Idealfall strebt man eine Teigtemperatur von ca. 23 – 28 °C an. Das hat einen Grund: Hefe arbeitet bei diesen Temperaturen am besten. Ist es kälter oder aber auch wärmer, so arbeitet die Hefe langsamer. Die Teigreifung und das Aufgehen (Gären, die Gare) des Teiges verzögern sich.
- Die Flüssigkeit bei den Rezepten ist immer in „Zirka"-Mengen angegeben, da z. B. Mehl aus dem Burgenland nicht die gleiche Qualität und vor allem nicht die gleiche Wasseraufnahmefähigkeit hat als das Mehl aus Bayern. Auch der Ausmahlungsgrad des Mehls hat Einfluss auf die Wasseraufnahmefähigkeit.

  Darum geben Sie nie die ganze Flüssigkeit sofort in die Küchenmaschine, sondern nach und nach nur so viel, wie Sie benötigen. Dies kann bei einem Rezept weniger und bei einem anderen Rezept mehr Wasser sein.
- Eine intensive Teigbearbeitung, Teigknetung beim Mischen, ist enorm wichtig für die Qualität des Endproduktes.
  Wenn Sie mit der Hand mischen, sollten Sie den Teig ca. 15 – 20 Minuten bearbeiten. Mit der Küchenmaschine bei langsamem Gang ca. 12 – 14 Minuten, bei einem schnelleren Gang ca. 8 – 10 Minuten.
- Grundsätzlich sollten Weizenteige etwas intensiver (länger) gemischt werden als Teige mit Roggenmehl.
- Das Stehenlassen des Teiges nennt man Teigruhe. Es entwickeln sich Geschmacksstoffe und die Hefe beginnt zu arbeiten. Unter Arbeiten der Hefe versteht man das Aufgehen des Teiges (Gären).

- Die Hefe baut Kohlenhydrate zuerst in Einfachzucker und dann in CO_2 und Alkohol ab. CO_2 lockert den Teig – und bringt Volumenzuwachs. Alkohol gibt den typischen Hefegeschmack. Die Teigruhe sollte wiederum bei einer für die Hefe angenehmen Temperatur erfolgen (ca. 23 – 30 °C).
- Das Backen ist nach dem Teigmischen die wichtigste Sache, um eine gute Qualität zu erhalten.
- Grundsätzlich ist zu unterscheiden: Backen Sie mit Heißluft (bewegte Luft) oder backen Sie mit Ober- und Unterhitze (ruhige Backatmosphäre)?
- Alle Temperaturen bei den Rezepten sind für Ober- und Unterhitze angegeben. Backen Sie mit Heißluft, so müssen Sie die angegebenen Temperaturen um ca. 10 – 15 °C senken, da Backwaren mit Heißluft bei gleicher Temperatur schneller und dunkler backen würden.
- Das Einbringen des Brotes, des Kleingebäcks oder der Mehlspeise erfolgt immer in das vorgeheizte Backrohr. Wenn es bei einem Rezept angegeben ist, dann können Sie das Gefäß mit Wasser schon vor dem Aufheizen in das Backrohr stellen, um eine gute Wasserdampfbildung zu erreichen.
- Es ist durchaus möglich, auch wenn Sie die Backtemperatur genau einhalten, dass Ihr Brot, Kleingebäck oder Ihre Mehlspeise zu hell oder zu dunkel wird. Das ist der Fall, wenn die eingestellte Temperatur mit der Temperatur im Backofeninneren nicht übereinstimmt. Kein Problem, Sie reduzieren oder erhöhen die Temperatur um ca. 5 – 10 °C.
- Es ist Ihnen überlassen, ob Sie beim Backen befettete Backbleche verwenden oder Backtrennpapier. Wenn Sie Backtrennpapier verwenden, ersparen Sie sich das Putzen der Bleche.
- Nach dem Ausbacken Brote oder Kuchen sofort aus der Backform nehmen oder z. B. Kleingebäck sofort vom Backblech geben, um ein Nachbacken zu vermeiden. Für das Auskühlen eignet sich ein Schneidebrett aus Holz am besten. Keine Plastik- oder Metallunterlagen verwenden.
- Durch das Gären und Backen von Brot oder Gebäck kommt es immer zu einem Gewichtsverlust. Der Gärverlust von ca. 2 – 3 % entsteht durch den Abbau von Zucker in CO_2 und Alkohol.
  Der Backverlust von ca. 10 – 12 % entsteht durch Feuchtigkeitsverlust während des Backprozesses.
  Sie erhalten also nie aus 1 kg Teig 1 kg Brot. Sie müssen einen fertigen 1 kg Wecken mit Zutaten von ca. 1.150 g auswiegen.
- Um Vitamine und Mineralstoffe optimal zu erhalten, sollten Sie Getreide erst kurz vor dem Teigmischen frisch mahlen.

Rezepte

Kleine Gerichte

Alle Rezeptangaben beziehen sich – falls nicht anders angegeben – auf 4 Portionen.

Abkürzungen:

EL	=	Esslöffel
TL	=	Teelöffel
l	=	Liter
g	=	Gramm
ml	=	Milliliter

Grünkernaufstrich

50 g Grünkernschrot, fein
100 ml Gemüsebrühe
1/2 kleine Zwiebel
1 Knoblauchzehe
frische Kräuter (Basilikum, Petersilie, Liebstöckel)
50 g Frischkäse
Salz, Pfeffer, Muskat
etwas Senf
einige Tropfen Zitronensaft
2 EL Hefeflocken

Grünkernschrot in der Gemüsebrühe aufkochen lassen, vom Herd nehmen und nachquellen lassen, bis die Masse ausgekühlt ist.

Zwiebel in feine Würfel schneiden, Knoblauch zerdrücken und Kräuter hacken. Grünkernschrot mit dem Frischkäse verrühren und mit allen Zutaten vermischen.

Nährwerte pro Portion (= 30 g):

Energie	47 kcal / 195 kJ
Eiweiß	1,9 g
Fett	2,3 g
Kohlenhydrate	4,5 g
Ballaststoffe	0,6 g
Zucker	0,1 g

Überbackene Grießschnitten

450 ml Gemüsesuppe · 100 g Hartweizengrieß
1 Ei · Thymian · Salz, Pfeffer, Chili · 50 g Parmesan

Gemüsesuppe aufkochen lassen und Grieß einstreuen. Unter ständigem Rühren ca. 4 Minuten kochen lassen, bis eine feste Masse entsteht. Masse überkühlen lassen.

Ei verquirlen und mit den Gewürzen und der Hälfte des geriebenen Parmesans unter die Grießmasse rühren. Diese auf ein mit Backpapier belegtes Backblech oder in eine Auflaufform streichen. Mit dem restlichen Parmesan bestreuen und im vorgeheizten Backrohr bei 180 °C ca. 15 bis 20 Minuten backen.

In Schnitten schneiden und servieren.

TIPPS

- Die Grießschnitten sind auch eine ideale Beilage zu Fleischgerichten, insbesondere zu Wild und Wildgeflügel.
- Wenn statt Parmesan fettarmer Schnittkäse verwendet wird, reduzieren sich Kalorien- und Fettgehalt ganz beträchtlich.

Nährwerte pro Portion:

Energie	180 kcal / 754 kJ
Eiweiß	8,6 g
Fett	8,2 g
Kohlenhydrate	17,9 g
Ballaststoffe	2,3 g
Zucker	0,4 g

Chicorée-Gratin

100 g Grünkern · 1/4 l Gemüsebrühe
2 Stauden Chicorée · 75 g Pressschinken
100 g Tomaten · 50 g Zwiebel
50 g Edamer, gerieben
1 Ei · 1/2 Bund Petersilie · Salz, Pfeffer

Grünkern waschen und 10 Minuten in der Gemüsebrühe kochen, dann ca. 30 Minuten zugedeckt ausquellen lassen.

Die äußeren Blätter der Chicoréestauden entfernen, die Stauden längs halbieren und den Strunk (ist besonders bitter) herausschneiden. Waschen und in Salzwasser zugedeckt ca. 10 Minuten kochen. Die Hälften mit Schinken umwickeln und in eine beschichtete Auflaufform legen.

Tomaten blanchieren, häuten, den Stielansatz entfernen und in Würfel schneiden. Grünkern, Tomatenwürfel, gehackte Zwiebel, 3 EL vom geriebenen Käse, Ei und gehackte Petersilie vermengen, würzen und über die Chicoréestauden gießen. Mit dem restlichen Käse bestreuen und ca. 30 Minuten bei 200 °C gratinieren.

Nährwerte pro Portion:	
Energie	206 kcal / 860 kJ
Eiweiß	13,2 g
Fett	8,2 g
Kohlenhydrate	19,2 g
Ballaststoffe	3,7 g
Zucker	0,4 g

Bulgur-Orangen-Salat

100 g Bulgur
1/2 grüner Paprika
1/2 Salatgurke
30 g Mandelblättchen
1 TL gehackte Minze
2 kernlose Orangen
Pfeffer, Salz, etwas Zitronensaft
3 EL Jogurt, fettarm

Wasser zum Kochen bringen, Bulgur einstreuen und 12 Minuten köcheln lassen. Anschließend abseihen und auskühlen lassen. Paprika und Gurke in Würfel schneiden, die Mandelblättchen in einer beschichteten Pfanne ohne Fett anrösten. Orangen schälen und filetieren. Alle Zutaten mit dem Bulgur vermischen und mit Minze garnieren.

Dieses Gericht ist schnell zubereitet und schmeckt köstlich.

Nährwerte pro Portion:	
Energie	171 kcal / 714 kJ
Eiweiß	5,4 g
Fett	4,8 g
Kohlenhydrate	25,5 g
Ballaststoffe	6,7 g
Zucker	2,8 g

Hirse-Soufflé

100 g Hirse
200 ml Wasser
1 Gemüsebrühwürfel
50 g Zwiebel · 150 g Zucchini
50 g Edamer
Petersilie · 1 Dotter (Eigelb)
2 Eiklar (Eiweiß)
1 EL Margarine
2 EL Vollkornbrösel

Hirse 10 Minuten in der Gemüsebrühe kochen und dann weitere 10 Minuten nicht zugedeckt ausquellen lassen.

Zwiebel würfelig schneiden, Zucchini und Käse fein raspeln. Gemeinsam mit der gehackten Petersilie und dem Dotter in die Hirse einrühren. Eiklar zu steifem Schnee schlagen und locker unter die Hirsemasse heben. Eine Soufflé- oder Auflaufform mit Margarine befetten, mit Bröseln bestreuen, Masse einfüllen. Bei 200 °C im vorgeheizten Backofen ca. 20 Minuten backen.

Serviervorschlag:
Mit Salat und Tomatensoße reichen.

Nährwerte pro Portion:	
Energie	229 kcal / 957 kJ
Eiweiß	10,8 g
Fett	10,1 g
Kohlenhydrate	23,4 g
Ballaststoffe	1,9 g
Zucker	0,9 g

Dinkelsalat
mit Emmentaler

200 g Dinkel
100 g Emmentaler
500 g Tomaten
1 gelber Paprika
1 Lauchstange
1/2 Salatgurke
2 EL kaltgepresstes Pflanzenöl
Weißweinessig
Pfeffer, Salz

Dinkel über Nacht in 600 ml Wasser einweichen (im Kühlschrank aufbewahren). Im Einweichwasser aufkochen und bei schwacher Hitze 40 Minuten gar kochen. Abkühlen lassen. Käse, Tomaten und Paprika grob würfeln, Lauch und Gurke in Scheiben schneiden. Alles miteinander vermischen, würzen und mit Öl und Weinessig marinieren.

Dieses Gericht braucht zwar etwas Zeit, ist aber sehr einfach in der Zubereitung.

Nährwerte pro Portion:	
Energie	355 kcal / 1.486 kJ
Eiweiß	16,4 g
Fett	14,6 g
Kohlenhydrate	38,5 g
Ballaststoffe	9,1 g
Zucker	0,8 g

Tomaten-Dinkel-Crostini

5 – 6 Tomaten
Meersalz, Pfeffer
1 Hand voll frisches Basilikum
1 Knoblauchzehe
Olivenöl
1 Dinkelbaguette (oder Sandwich)

Die Tomaten in kochendes Wasser geben und nach wenigen Sekunden in Eiswasser abschrecken.

Die Haut abziehen, Strunk und Kerne entfernen und den Rest in kleine Würfel schneiden.

Würzen mit Salz und Pfeffer und das klein geschnittene Basilikum und den Knoblauch zufügen. Olivenöl dazugeben, dass eine sämige Masse entsteht.

Das Baguette in 1 – 2 cm dicke Scheiben schneiden und diese im Backrohr bei ca. 180 °C anrösten. Das Brot soll außen schön knusprig, aber innen noch zart sein.

Das Baguette aus dem Backrohr nehmen und diese mit der Tomatenmischung bestreichen.

Die Crostini sollten sofort serviert werden.

Nährwerte pro Portion:	
Energie	259 kcal / 1.084 kJ
Eiweiß	6,8 g
Fett	7,2 g
Kohlenhydrate	40,9 g
Ballaststoffe	3,2 g
Zucker	0,8 g

Grünkernsuppe

3 Karotten
1 Stange Lauch (Porree)
3 Stangen Sellerie · 1 große Zwiebel
2 Knoblauchzehen · 3 EL Olivenöl
100 g Grünkernschrot
1,5 l Gemüsebrühe
1 Zweig Thymian
1 Lorbeerblatt
Salz
60 g Parmesan
Fruchtfleisch von 2 Tomaten

Karotten, Lauch und Sellerie putzen, waschen und schneiden, Zwiebel und Knoblauch schälen und klein hacken. Grünkernschrot in Olivenöl anrösten, das vorbereitete Gemüse, Zwiebel und Knoblauch beigeben und ca. 5 – 10 Minuten dünsten. Mit Gemüsebrühe aufgießen, Thymian und Lorbeerblatt dazugeben und 30 Minuten kochen lassen.

Thymian und Lorbeerblatt wieder entfernen, salzen und geriebenen Parmesan und Fruchtfleisch der Tomaten unter die Suppe ziehen.

Nährwerte pro Portion:	
Energie	273 kcal / 1.143 kJ
Eiweiß	9,3 g
Fett	20 g
Kohlenhydrate	13,8 g
Ballaststoffe	8,2 g
Zucker	2,5 g

Bulgur-Gemüse-Suppe

50 g Bulgur
1 Knoblauchzehe · 1 EL Olivenöl
1 l Wasser · 1 Gemüsebrühwürfel
1/2 Kohlrabi
1 Karotte
1 Frühlingszwiebel
50 g Erbsen, tiefgekühlt
1/8 l Milch (fettarm)
Salz, schwarzer Pfeffer, Muskat, Zitronensaft
2 EL gehackter Schnittlauch

Bulgur mit gepresstem Knoblauch in heißem Öl unter ständigem Rühren kurz anbraten. Mit Wasser aufgießen, Suppenwürfel dazugeben und bei schwacher Hitze 10 Minuten garen. Gemüse waschen, schälen und in kleine Streifen schneiden, Frühlingszwiebel schälen und fein hacken, gemeinsam mit den Erbsen in die Suppe geben und 5 Minuten kochen lassen.

Die Milch einrühren und mit den Gewürzen abschmecken. Mit Schnittlauch bestreuen.

Nährwerte pro Portion:	
Energie	106 kcal / 443 kJ
Eiweiß	4,2 g
Fett	3,3 g
Kohlenhydrate	14,5 g
Ballaststoffe	3,3 g
Zucker	1,5 g

Hirsesuppe

1 l Wasser
1 Gemüsebrühwürfel
1 Lorbeerblatt, 1 Zweig Rosmarin
100 g Hirse
400 g Karotten
1 Zwiebel
Salz, Pfeffer, Muskat, Cayennepfeffer, Petersilie

Wasser, Gemüsebrühwürfel, Lorbeerblatt und den Rosmarinzweig in einem Topf zum Kochen bringen, Hirse waschen und gut abtropfen lassen.

Karotten waschen und in Scheiben schneiden.

Zwiebel fein hacken. Hirse, Karotten und Zwiebel in die Suppe geben.

Würzen und das Gemüse bei mäßiger Hitze bissfest garen (ca. 5 Minuten), Hirse noch ausquellen lassen (8 Minuten) und mit Petersilie bestreut servieren.

Nährwerte pro Portion:	
Energie	123 kcal / 515 kJ
Eiweiß	4 g
Fett	1,3 g
Kohlenhydrate	23,4 g
Ballaststoffe	5 g
Zucker	2,3 g

Hauptspeisen

Alle Rezeptangaben beziehen sich – falls nicht anders angegeben – auf 4 Portionen.

Abkürzungen:

EL = Esslöffel
TL = Teelöffel
l = Liter
g = Gramm
ml = Milliliter

Amaranthgemüse
mit Hühnchen

150 g Amaranth
1/2 Stange Lauch
1 Zucchini
1 Karotte
1 große Fleischtomate
1/2 Bund Basilikum
Salz, Pfeffer,
1 EL Jogurt, fettarm
2 EL Öl
4 Stk. Hühnerbrüste (600 g)

Amaranth in 300 ml Wasser aufkochen. Zugedeckt 20 Minuten leicht kochen lassen. Gemüse waschen, putzen, Lauch in Streifen schneiden, Zucchini und Karotte grob raspeln. Tomate kurz mit heißem Wasser überkochen, abhäuten und würfelig schneiden. Gemüse mit dem Amaranth vermengen, 5 Minuten ziehen lassen. Jogurt unterheben, würzen und mit fein gehacktem Basilikum bestreuen. Hühnerbrüste auf beiden Seiten anbraten und gemeinsam mit dem Amaranthgemüse servieren.

Nährwerte pro Portion:	
Energie	373 kcal / 1.545 kJ
Eiweiß	43,1 g
Fett	10,8 g
Kohlenhydrate	25,4 g
Ballaststoffe	7 g
Zucker	0,8 g

Amaranth-Gemüse-Eintopf

200 g Amaranth
400 ml Wasser
3 Karotten
3 Stangen Lauch (Porree)
ca. 100 g Saisongemüse
10 g Margarine
hymian (oder andere getrocknete Kräuter)
1 Prise Salz

Amaranth und Wasser zusammen in einem Topf aufkochen und bei zugedecktem Topf ca. 20 – 30 Minuten auf kleiner Flamme kochen lassen. Gemüse putzen, in kleine Würfel schneiden und in der Pfanne andünsten.

Das angedünstete Gemüse zum Amaranth geben. Das Ganze würzen, die Kochplatte ausschalten, danach noch 10 Minuten quellen lassen und servieren.

Nährwerte pro Portion:	
Energie	218 kcal / 910 kJ
Eiweiß	9,7 g
Fett	6,2 g
Kohlenhydrate	33,3 g
Ballaststoffe	11,7 g
Zucker	1,9 g

Buchweizen
mit Kohl

500 g Kohl
200 g Buchweizen
2 Zwiebeln
2 EL Öl
1/2 l Gemüsebrühe
Salz, Pfeffer, Kümmel, Thymian
1 Karotte
1 Kohlrabi
5 EL Jogurt

1 l Wasser aufkochen lassen. Kohl putzen und in Streifen schneiden, ca. 2 Minuten blanchieren und abtropfen lassen. Buchweizen mit heißem Wasser waschen. In einem Topf klein gewürfelte Zwiebeln glasig anbraten und mit der Gemüsebrühe aufgießen. Buchweizen, Gewürze und Kohl einrühren und zugedeckt bei schwacher Hitze ca. 10 Minuten garen. Karotte und Kohlrabi waschen, schälen, klein raspeln und mit dem Buchweizen 5 Minuten kochen. Jogurt unterrühren und servieren.

Nährwerte pro Portion:	
Energie	303 kcal / 1.268 kJ
Eiweiß	12,2 g
Fett	8,3 g
Kohlenhydrate	43,6 g
Ballaststoffe	9 g
Zucker	2,1 g

Bulgur-Auflauf
mit Schafkäse

120 g Bulgur
160 g Zucchini
160 g Lauch (Porree)
50 g Karotten
70 g Erbsen, tiefgekühlt
100 g Schafkäse
200 g Jogurt, fettarm
1 Ei
Salz, Pfeffer, Muskat, Kurkuma

Bulgur in reichlich kochendes Salzwasser einstreuen, 12 Minuten köcheln lassen und abseihen. Gemüse waschen, klein schneiden oder grob raspeln und gemeinsam mit den Tiefkühlerbsen unter den Bulgur mischen. Schafkäse grob würfeln und unterheben. Jogurt und Ei versprudeln und würzen. Die Auflaufmasse in eine beschichtete Form geben und bei 160 °C (Heißluft) 40 Minuten garen.

Dieses Gericht ist einfach und gelingt immer!

Nährwerte pro Portion:	
Energie	237 kcal / 993 kJ
Eiweiß	13,5 g
Fett	7,6 g
Kohlenhydrate	27,8 g
Ballaststoffe	5,8 g
Zucker	1,6 g

Bulgur-Kohl-sprossen-Pfanne

120 g Bulgur
1 Stange Lauch (Porree)
400 g Kohlsprossen (Rosenkohl), tiefgekühlt
2 Karotten
125 g Mozzarella
1 EL Frischkäse
Kren
Salz, Pfeffer, etwas Essig, Kurkuma

Bulgur in reichlich kochendes Wasser einstreuen, 12 Minuten köcheln lassen und abseihen. Gemüse waschen, klein schneiden und in ca. 1/8 l Wasser weich dünsten, bis sich das Wasser um die Hälfte reduziert hat. Mozzarella in Scheiben schneiden und zum Gemüse geben. Frischkäse einrühren, würzen und Bulgur unterrühren.

Nährwerte pro Portion:

Energie	239 kcal / 1.002 kJ
Eiweiß	15,3 g
Fett	7,1 g
Kohlenhydrate	27,4 g
Ballaststoffe	10,3 g
Zucker	2,2 g

Bulgurpfanne
mit Putenstreifen

175 g Bulgur
300 g Brokkoli
150 g Karotten
100 g Zucchini
100 g Erbsen
50 g Mais
300 g Putenbrust
2 EL Pflanzenöl
Salz, Pfeffer
1 EL Sojasoße

Bulgur in reichlich kochendes Wasser einstreuen, ca. 12 Minuten leicht köcheln lassen und abseihen. Gemüse waschen und putzen. Brokkoli in kleine Röschen teilen, Karotten und Zucchini in Streifen schneiden. Putenfleisch in Streifen schneiden und in Pflanzenöl in der Pfanne oder im Wok anbraten, herausnehmen und warm stellen. Gemüse in der Pfanne rösten, mit Salz und Pfeffer würzen und mit Sojasoße aufgießen. Bulgur unterrühren und mit den gebratenen Putenstreifen belegen.

Nährwerte pro Portion:

Energie	375 kcal / 1.568 kJ
Eiweiß	28,3 g
Fett	8,2 g
Kohlenhydrate	45,7 g
Ballaststoffe	10,9 g
Zucker	2,9 g

Dinkel-Kartoffel-Laibchen

mit Sauerkraut

300 g mehlige Kartoffeln
1 kleine Stange Lauch
100 g Dinkelflocken · 100 g Topfen (Quark), fettarm
Salz, Pfeffer, Knoblauch, Muskat, Schnittlauch
1 Ei · 1/2 Zwiebel · 1 TL Rapsöl
400 g Sauerkraut · 1/8 l Gemüsebrühe

Kartoffeln in der Schale kochen, schälen und noch heiß durch eine Kartoffelpresse drücken. Lauch in kleine Ringe schneiden und in einer beschichteten Pfanne kurz anrösten. Dinkelflocken und Topfen zu den Kartoffeln geben, würzen und zum Schluss das Ei untermengen. 4 Laibchen formen und in einer beschichteten Pfanne bei mittlerer Hitze braten.

Zwiebel in Rapsöl in einer beschichteten Pfanne kurz anrösten, Sauerkraut beimengen und mit der Gemüsebrühe aufgießen und ca. 20 Minuten auf kleiner Flamme dünsten.

Gedünstetes Sauerkraut mit den Dinkel-Kartoffel-Laibchen gemeinsam servieren.

Nährwerte pro Portion:

Energie	217 kcal / 911 kJ
Eiweiß	12 g
Fett	4,5 g
Kohlenhydrate	29,9 g
Ballaststoffe	8,8 g
Zucker	0,8 g

Schinken-Bulgur-Auflauf

200 g Bulgur
1 Gemüsebrühwürfel
2 kleine Zucchini · 1/2 roter Paprika
1/2 grüner Paprika
1 Zwiebel · 1 Knoblauchzehe
200 g Champignons
10 g Öl zum Rösten · 100 g Saunaschinken

Überguss:
2 Eier
1/16 l Milch, fettarm
100 g Bierkäse, gerieben

Bulgur in reichlich kochendes Wasser einstreuen, Gemüsebrühwürfel dazugeben und ca. 12 Minuten leicht köcheln lassen und abseihen. Gemüse putzen und klein schneiden, gemeinsam in etwas Öl anrösten. Röstgemüse, geschnittenen Schinken und Bulgur vermischen und in eine beschichtete Auflaufform füllen.

Für den Überguss: Eier und Milch vermischen und über die Bulgurmasse gießen. Mit Käse bestreuen und im Backrohr bei 180 °C 30 Minuten backen.

Nährwerte pro Portion:

Energie	370 kcal / 1.550 kJ
Eiweiß	24,2 g
Fett	11,3 g
Kohlenhydrate	42 g
Ballaststoffe	9,9 g
Zucker	0,9 g

Dinkelrisotto

200 g Dinkelkörner
400 ml Gemüsesuppe
1 Stange Lauch (Porree)
4 EL magerer Frischkäse
100 g Parmesan
Salz, Pfeffer

Die Dinkelkörner mit der Gemüsesuppe zum Kochen bringen und zugedeckt bei schwacher Hitze 1 Stunde garen lassen. Den Herd abschalten und den Dinkel noch 1 Stunde quellen lassen.

Lauch in Streifen schneiden und gemeinsam mit dem Frischkäse und geriebenem Parmesan unter den Dinkel heben.

Noch einmal aufkochen lassen und würzen.

Nährwerte pro Portion:	
Energie	281 kcal / 1.175 kJ
Eiweiß	16,2 g
Fett	9,9 g
Kohlenhydrate	31,2 g
Ballaststoffe	5,2 g
Zucker	0,3 g

Dinkelrisotto
mit Pilzen

400 g Dinkel · 2 Zwiebeln
Olivenöl · 80 g Weißwein · 180 g Tomatensoße
350 g Gemüsesuppe · Butter
Parmesan · 120 g Pilze
(Eierschwammerln/Pfifferlinge, Steinpilze)
2 Tomaten · Petersilie · Salz, Pfeffer

Dinkel wird ca. 14 – 16 Stunden in Wasser eingeweicht. Wasser abgießen. Zwiebeln werden in Olivenöl leicht angeschwitzt. Dinkel dazugeben und mit Weißwein aufgießen. Unter gleichmäßigem Rühren Tomatensoße und Gemüsesuppe zugießen und den Dinkel 10 – 15 Minuten ziehen lassen.

Anschließend etwas Butter, Olivenöl, Parmesan einrühren und abschmecken.

Pilze werden geputzt, in Scheiben geschnitten und in etwas Butter angebraten. Die Tomaten in heißem Wasser überkochen, Haut entfernen und in Würfel schneiden.

Die gebratenen Pilze mit Petersilie und Tomatenwürfeln zur Dinkelmasse geben und mit Salz und Pfeffer abschmecken.

Nährwerte pro Portion:	
Energie	426 kcal / 1.784 kJ
Eiweiß	15,1 g
Fett	9,5 g
Kohlenhydrate	65,7 g
Ballaststoffe	12,6 g
Zucker	1,1 g

Buchweizengnocchi mit Tomatensoße

170 g Buchweizenschrot
330 ml Gemüsebrühe
200 g Blattspinat
1 kleine Zwiebel
1 Knoblauchzehe
2 EL Öl
Salz, Pfeffer, Muskat
2 Dotter (Eigelb)

Soße:
4 große Fleischtomaten (à 80 g)
1 Zwiebel
1 kleine Chilischote
1 EL Olivenöl
3 Zweige frisches Basilikum

Buchweizenschrot für ca. 2 Minuten in kochendes Wasser geben, abseihen, abschrecken und anschließend in die heiße Gemüsebrühe geben. Gut verrühren und bei ganz schwacher Hitze ausquellen lassen, bis der Brei trocken ist.

Spinat gründlich waschen, abtropfen lassen und hacken. Zwiebel und Knoblauch fein würfeln, Öl in eine Pfanne geben und darin die Zwiebel glasig anlaufen lassen. Spinat dazugeben und kurz dünsten. Anschließend unter die Buchweizenmasse rühren, würzen und die Eigelbe einrühren. Etwa 30 Minuten ruhen lassen. Mit zwei Esslöffeln große Nockerln formen und 10 Minuten in heißem Wasser ziehen lassen.

Für die Soße Tomaten blanchieren, häuten, entkernen und grob hacken. Die Zwiebel würfeln und in Öl glasig anbraten. Chilischote halbieren, Kerne entfernen und ganz klein hacken. Gemeinsam mit den Tomaten zu der Zwiebel geben. Breiig einkochen lassen, würzen und zum Schluss gehacktes Basilikum einrühren.

Nährwerte pro Portion:	
Energie	283 kcal / 1.183 kJ
Eiweiß	7,2 g
Fett	12,3 g
Kohlenhydrate	35,3 g
Ballaststoffe	3,3 g
Zucker	0,8 g

Eierschwammerln
mit Vollkorn-Semmelknödel

400 g Eierschwammerln (Pfifferlinge)
1 Zwiebel
1 EL Olivenöl (10 g)
Salz, Wasser
Petersilie, Pfeffer
1 EL Schlagobers (-sahne)

200 g Vollkorn-Semmelwürfel
3 EL Öl
2 Eier
1/4 l Milch, fettarm
Petersilie
Salz, Pfeffer
4 gehäufte EL Vollkornmehl (60 g)

Eierschwammerln putzen, kurz abwaschen und in grobe Stücke schneiden.

Zwiebel in Olivenöl glasig anschwitzen und Eierschwammerln dazugeben. Da die Schwammerln Flüssigkeit verlieren, nur mit wenig Wasser aufgießen. Das Ganze mit Salz, Petersilie und Pfeffer würzen und dünsten, bis die Schwammerln weich sind.

In der Zwischenzeit Vollkorn-Semmelwürfel in eine Schüssel geben und das Öl dazugeben. Milch mit den Eiern verquirlen und über die Semmelwürfel gießen. Mit Salz, Pfeffer und gehackter Petersilie würzen und alles gut durchmischen. Die Knödelmasse ca. 20 Minuten rasten lassen.

Danach das Mehl unter die Knödelmasse mischen und mit feuchten Händen Knödel formen, die dann ca. 20 Minuten in Salzwasser gekocht werden.

Zur Schwammerlsoße noch flüssiges Schlagobers (-sahne) dazugeben und das Ganze nochmals kurz aufkochen lassen.

Nährwerte pro Portion:	
Energie	360 kcal/ 1.340 kJ
Eiweiß	14,2 g
Fett	16,2 g
Kohlenhydrate	39,2 g
Ballaststoffe	11,3 g
Zucker	0,5 g

Dinkel-Tascherln mit Käsefüllung

15 Stück à 100 g

45 g Hefe
15 g Salz
ca. 200 g Wasser
500 g fein gemahlenes Dinkelvollkornmehl
1 Ei
100 g Butter
25 g Honig

Käsefülle:
120 g Butter · 1 Ei
250 g Topfen (Quark), fettarm
2 TL Kümmel · etwas Petersilie
1 Prise Salz
250 g Tilsiterkäse
ca. 60 g Sauerrahm (saure Sahne), fettarm
Ei zum Bestreichen
etwas Weichkäse zum Bestreuen

Hefe und Salz in Wasser auflösen, die restlichen Zutaten dazugeben und zu einem glatten Teig mischen. Den Teig ca. 10 – 15 Minuten rasten lassen.

Käsefülle:
Butter schaumig aufschlagen, das Ei untermischen und mit dem Kochlöffel den Topfen unterziehen. Kümmel in einem Mörser zerquetschen, dazugeben. Gehackte Petersilie, Salz, den klein zerhackten Käse und den Sauerrahm einarbeiten. Käsefülle gut vermischen, zum Absteifen in den Kühlschrank stellen.

Vollkornteig gleichmäßig 3 mm dick ausrollen (rechteckig), Quadrate von 12 cm schneiden, jeden Fleck mit Eiweiß bestreichen. Käsefülle mit einem Dressiersack ohne Tülle genau in die Mitte des Flecks auftragen.

Teigenden wie bei Golatschen (Taschen) in Briefumschlagsform darüberlegen, mit Butter und Ei bestreichen, mit geriebenem Weichkäse bestreuen und auf das mit zerlassener Butter bestrichene und mit Weizenvollkornmehl bestaubte Backblech setzen.

Nach einer Garzeit von 45 Minuten im vorgezeiten Backrohr bei 180 °C ca. 20 Minuten backen.

Nährwerte pro Stück (100 g):

Energie	kcal 311 / 1.302 kJ
Eiweiß	12,1 g
Fett	19,4 g
Kohlenhydrate	22,1 g
Ballaststoffe	3,3 g
Zucker	0,2 g

Dinkel-Tascherln mit Lauch-Tofu-Füllung

15 Stück à 110 g

45 g Hefe
15 g Salz
ca. 200 g Wasser
500 g fein gemahlenes Dinkelvollkornmehl
1 Ei
100 g Butter
25 g Honig

Fülle:
300 g Lauch
200 g Zwiebeln
100 g geräucherter Tofu
80 g geriebener Käse
100 g Sauerrahm (saure Sahne)
1 Prise Salz
Pfeffer nach Geschmack
Ei zum Bestreichen
Geriebener Pizzakäse

Hefe und Salz im Wasser auflösen, die restlichen Zutaten dazugeben und zu einem glatten Teig mischen.

Fülle:
Lauch und Zwiebeln in Streifen schneiden, kurz anrösten. Auskühlen lassen, die restlichen Zutaten daruntermischen.

Den Teig nach 15 Minuten Teigruhe rechteckig ausrollen (50 x 30 cm), in 15 quadratische Teile (10 x 10 cm) schneiden.

Die Fülle mit einem Löffel oder Dressiersack in die Mitte der quadratischen Teigstücke geben.

Die Teigstücke so zusammenlegen, dass die Lauchfülle nicht auslaufen kann. Fertige Lauchtascherln auf befettete Backbleche setzen, mit Ei bestreichen und mit Pizzakäse bestreuen.

Nach 45 Minuten Gärzeit im vorgeheizten Backrohr bei 180 °C ca. 20 Minuten backen.

Nährwerte pro Stück (110 g):	
Energie	216 kcal / 903 kJ
Eiweiß	8,2 g
Fett	10,1 g
Kohlenhydrate	22,7 g
Ballaststoffe	4,1 g
Zucker	0,5 g

Dinkel-Käsespätzle

300 g Vollkorndinkelmehl
2 Eier · Salz
lauwarmes Wasser
2 Zwiebeln
1 EL Olivenöl
200 g würziger Käse (Bergkäse), gerieben

Mehl, Eier, Salz und so viel lauwarmes Wasser mischen, dass ein zäher Teig entsteht. (Der Teig sollte schwer vom Löffel fallen.) Die Zwiebeln in Ringe schneiden und in Olivenöl kurz anschwitzen.

Den Teig mit einer speziellen Spätzlereibe in kochendes Salzwasser drücken. Die Spätzle so lange kochen, bis alle an der Wasseroberfläche schwimmen, dann abseihen.

Eine Auflaufform mit Olivenöl ausstreichen. Die halbe Menge der Spätzle hineingeben, danach die Zwiebeln und die Hälfte des Käses. Abgeschlossen wird mit den restlichen Nockerln und dem restlichen Käse.

Das Ganze kommt bei 150 °C eine halbe Stunde ins Backrohr.

Dazu schmeckt am besten eine Schüssel grüner Salat.

TIPP

- Wollen Sie Energie und Fett sparen, dann verwenden Sie statt Bergkäse einfach Bierkäse.

Nährwerte pro Portion:	
Energie	513 kcal/ 2.148 kJ
Eiweiß	26,2 g
Fett	25,1 g
Kohlenhydrate	45,4 g
Ballaststoffe	7,8 g
Zucker	0,6 g

Gefüllte Paprika

120 g Hirse
1 Zwiebel
1 Knoblauchzehe, fein gehackt
1 EL Olivenöl (10 g)
1/4 l Gemüsesuppe
4 große Paprika (je 150 g)
1 Zucchini, geraspelt (150 g)
7 – 8 EL feiner Topfen/Quark (240 g)
5 EL Bergkäse, gerieben (150 g)
Oregano
evtl. frisch gehackte Petersilie
Salz, Pfeffer

Hirse zuerst heiß, dann kalt waschen (schmeckt sonst bitter). Zwiebel und Knoblauch in Olivenöl andünsten, gewaschene Hirse dazugeben und mit Gemüsesuppe aufgießen. Das Ganze ca. 10 Minuten kochen, bis die Hirse „aufplatzt".

Inzwischen vom Paprika den Deckel abschneiden und ihn innen ausputzen. Die Zucchiniraspel in etwas Olivenöl kurz anschwitzen. Hirse mit Zucchini, Topfen und Käse vermischen und mit Oregano, Salz und Pfeffer würzen.

Diese Masse in die geputzten Paprika füllen. Damit es hübscher aussieht, kann man die Paprika noch mit etwas Käse bestreuen. Die Paprika in eine befettete Form geben und bei 150 °C 30 – 40 Minuten ins Rohr stellen.

Dazu reicht man Kartoffeln und eine Schüssel grünen Salat.

Serviervorschlag:
Die gefüllten Paprika mit Tomatensoße reichen.

Nährwerte pro Portion:	
Energie	314 kcal / 1.313 kJ
Eiweiß	22,6 g
Fett	17,8 g
Kohlenhydrate	14,8 g
Ballaststoffe	7,4 g
Zucker	0,6 g

Steirischer Krautstrudel

2 mittlere Weißkrautköpfe
4 mittlere Zwiebeln
15 g Butter
etwas Salz, Pfeffer, Kümmel
geriebene Muskatnuss
250 g Sauerrahm (saure Sahne), fettarm
Butter zum Beträufeln
Strudelteig: siehe Grundrezept, Seite 88

Kraut putzen, waschen, halbieren und den Strunk herausschneiden. Das Kraut feinnudelig schneiden, etwas salzen und eine Stunde ziehen lassen. Backblech fetten.

Zwiebeln schälen und fein hacken. Butter in eine größere Pfanne geben und zergehen lassen, gehackte Zwiebel dazugeben und anrösten.

Das Kraut dazugeben und unter öfterem Umrühren weich dünsten. Mit Salz, Pfeffer, Kümmel und etwas geriebener Muskatnuss würzen und das Ganze erkalten lassen.

Strudelteig dünn ausziehen. Zwei Drittel der Teigfläche mit Butter beträufeln, auf die beträufelte Fläche die Krautfülle auftragen.

Den Sauerrahm glatt rühren und über der Krautfülle verteilen. Das restliche Drittel der Teigfläche ebenfalls mit Butter beträufeln und einrollen.

Das Einrollen des Strudels erfolgt durch Hochheben des Tuches an der mit Kraut bestreuten Seite.

Mit dem Schluss nach unten auf das gefettete Backblech setzen und im vorgeheizten Rohr bei 180 °C ca. 40 Minuten backen.

Während des Backens begießt man den Strudel mit dem eigenem Saft (diesen Vorgang kann man öfter wiederholen). Den Krautstrudel noch heiß in Portionen schneiden und servieren.

Nährwerte pro Portion:	
Energie	369 kcal / 1.542 kJ
Eiweiß	11,3 g
Fett	15,8 g
Kohlenhydrate	45 g
Ballaststoffe	10,5 g
Zucker	1,1 g

Germknödel
mit Dinkelvollkornmehl

8 Knödel

600 g Dinkelvollkornmehl
25 g Hefe · 10 g Salz · ca. 300 g lauwarme Milch
40 g Butter · 30 g Honig · 1 Ei
1 Dotter (Eigelb) · ca. 150 g Powidlmarmelade (Pflaumenmus)
Mohn, zerlassene Butter

Hefe und Salz in Milch auflösen und mit allen anderen Zutaten zu einem eher festen Teig vermischen. Den Teig zugedeckt ca. 60 Minuten rasten lassen.

Danach Germknödelteig 1 cm dick ausrollen, viereckig schneiden und mit Powidl füllen. Powidl sorgfältig mit Teig umschließen und fertige Knödel etwas flach drücken. Geformte Germknödel nochmals ca. 20 Minuten zugedeckt rasten lassen.

Anschließend die Germknödel in kochendes Salzwasser geben und je nach Größe ca. 10 – 15 Minuten kochen lassen. Nach ca. 7 Minuten Germknödel einmal im kochenden Wasser wenden.

Germknödel werden noch heiß mit geriebenem Mohn und etwas zerlassener Butter serviert.

Nährwerte pro Stück:	
Energie	379 kcal / 1.584 kJ
Eiweiß	11,4 g
Fett	8,8 g
Kohlenhydrate	62,3 g
Ballaststoffe	7,6 g
Zucker	13,2 g

Vollkorn-Kaiserschmarren

2 Portionen

120 g Vollkornmehl
Salz
4 Dotter (Eigelb)
1/4 l Milch, fettarm
4 Eiklar (Eiweiß)
30 g Zucker

Vollkornmehl mit Salz und Dottern vermengen. Nach und nach die Milch einrühren.
Die Eiweiße mit Zucker aufschlagen und vorsichtig unter die Dottermasse heben.

In einer Pfanne Butter aufschäumen lassen, die Hälfte der Masse hineingeben und wenden, wenn die Unterseite leicht braun wird ist. Ist auch die zweite Seite angebacken, den Teig vorsichtig in grobe Stücke zerteilen.

Variation:
Je nach Geschmack können auch Rosinen in den Teig gegeben werden. Dazu serviert man am besten Kompott.

Nährwerte pro Portion:	
Energie	476 kcal / 1.990 kJ
Eiweiß	26,6 g
Fett	15,1 g
Kohlenhydrate	57,4 g
Ballaststoffe	6 g
Zucker	15,2 g

Gersten-Spinat-Auflauf

100 g Gerste
1 kleine Zwiebel · 1 Knochlauchzehe
1/4 l Wasser · 1 Gemüsebrühwürfel
1 TL Öl
250 g Blattspinat, tiefgekühlt
Salz, Pfeffer
1 Ei
100 g Topfen (Quark), fettarm · 3 EL Milch, fettarm
50 g Parmesan

Gerste waschen und über Nacht einweichen. Gehackte Zwiebel und Knoblauch in Öl anrösten, die abgeseihte Gerste dazugeben und mit ca. 1/4 l Gemüsebrühe aufgießen. Gerste ca. 15 Minuten kochen lassen, vom Herd nehmen und zugedeckt 10 Minuten ausquellen lassen.

Die Gerstenmasse in eine beschichtete Auflaufform streichen. Aufgetauten Spinat unter die Gerste mischen, würzen. Ei, Topfen, Milch und Käse verrühren und über die Spinat-Gersten-Masse gießen.

Den Auflauf im vorgeheizten Backofen bei 180 °C etwa 30 Minuten backen.

Nährwerte pro Portion:	
Energie	213 kcal / 890 kJ
Eiweiß	14 g
Fett	8,4 g
Kohlenhydrate	19,5 g
Ballaststoffe	4,6 g
Zucker	0,7 g

Getreideporridge

100 g Haferflocken
100 g Hirseflocken
800 ml Milch, fettarm
2 Bananen
2 TL Honig
2 Äpfel
Zimt

Die Hafer- und Hirseflocken mit der Milch unter ständigem Rühren 2 Minuten aufkochen.

Die Bananen mit einer Gabel zerdrücken und unter den Getreidebrei rühren, mit Honig süßen. Abschließend die Äpfel reiben und über das Porridge geben und mit Zimt bestreuen.

Nährwerte pro Portion:	
Energie	338 kcal / 1.414 kJ
Eiweiß	13,1 g
Fett	3,1 g
Kohlenhydrate	62,7 g
Ballaststoffe	4,4 g
Zucker	6,9 g

Gerstenknödel mit Lauch-Käse-Soße

200 g Gerstengrütze
1 Zwiebel
1 Bund Petersilie
2 Eier
1 EL Topfen (-quark), fettarm
100 g Vollkornmehl
Salz, schwarzer Pfeffer, Muskat

Soße:
2 Stangen Lauch (Porree)
1/4 l Gemüsesuppe
1 TL Essig
200 g Jogurt, fettarm
4 Scheiben Schmelzkäse, fettarm
Salz, Pfeffer

Die Grütze mit 400 ml Wasser zum Kochen bringen und zugedeckt bei schwacher Hitze ca. 10 Minuten garen. Anschließend noch 30 Minuten quellen und auskühlen lassen.

Zwiebel und Petersilie fein hacken, mit Eiern, Topfen und Mehl zur Grütze geben. Würzen und zu einem Teig verkneten. Mit angefeuchteten Händen 12 kleine Knödel formen.
Diese ins heiße Salzwasser einlegen, einmal kurz aufkochen lassen und bei schwacher Hitze 20 Minuten ziehen lassen.

Für die Soße: Lauch in Streifen schneiden und in der Gemüsesuppe gar kochen. Mit Salz, Pfeffer und Essig würzen. Wenn sich die Suppe um 1/3 reduziert hat, Jogurt (am besten lässt man dieses ca. 1 Stunde durch einen Kaffeefilter abtropfen) und Schmelzkäse einrühren.

Mit dem Schneebesen schaumig rühren. Soße mit den Knödeln servieren.

Nährwerte pro Portion:	
Energie	388 kcal / 1.623 kJ
Eiweiß	22,1 g
Fett	8,4 g
Kohlenhydrate	54,4 g
Ballaststoffe	10,2 g
Zucker	1,5 g

Grünkern-Käse-Laibchen

1/8 l Wasser
1/2 Gemüsebrühwürfel
100 g geschroteter Grünkern
45 g gelber Paprika
100 g Karotten
150 g Kohlrabi
40 g Zwiebel
45 g Lauch (Porree)
80 g Bierkäse
1 Ei
40 g Vollkornmehl
Salz, Pfeffer, Muskat, Kurkuma

Wasser und Gemüsebrühwürfel aufkochen lassen, Grünkernschrot einstreuen und ca. 5 Minuten ausquellen lassen.

Gemüse waschen, klein raspeln, Lauch in Streifen schneiden und Bierkäse würfeln.

Alle Zutaten vermengen, würzen und 8 Laibchen formen. Im Backrohr auf einem beschichteten Backpapier bei 180 °C (Heißluft) auf jeder Seite ca. 12 Minuten backen.

Nährwerte pro Stück:	
Energie	99 kcal / 413 kJ
Eiweiß	6,4 g
Fett	2,2 g
Kohlenhydrate	13 g
Ballaststoffe	2,8 g
Zucker	0,6 g

Grünkernauflauf
mit Käse

250 g Grünkernmehl, grob gemahlen
1 l Gemüsesuppe
1 Zwiebel
25 g Sonnenblumenkernöl
1 TL Kräutersalz
etwas Petersilie
100 g geriebener Käse (Edamer)

Das grob gemahlene Grünkernmehl mit der Gemüsesuppe zu einem dicken Brei kochen. Die Zwiebel klein hacken und in Sonnenblumenkernöl leicht anrösten. Zum Schluss Kräutersalz und Petersilie dazumischen.

Den Grünkernmehlbrei und die angeröstete Zwiebelkräutermischung vermischen und lagenweise abwechselnd mit dem Käse in eine befettete Backform füllen. Anschließend im vorgeheizten Backrohr bei 170 °C ca. 30 Minuten backen. Kurz überkühlen lassen und stürzen.

Dazu Gemüse oder frischen Salat servieren!

Nährwerte pro Portion:	
Energie	269 kcal / 1.126 kJ
Eiweiß	9,8 g
Fett	18,2 g
Kohlenhydrate	16,5 g
Ballaststoffe	3,4 g
Zucker	0,7 g

Nudelauflauf mit Tomaten und Mozzarella

1.000 g Tomaten
1 Zwiebel
Olivenöl
2 Knoblauchzehen
Meersalz, Pfeffer
etwas Honig
400 g Vollkornnudeln nach Wahl
400 g Mozzarella, fettarm
100 g Parmesan
2 Hand voll frisches Basilikum

Die Tomaten in kochendes Wasser geben und nach wenigen Sekunden in Eiswasser abschrecken. Die Haut abziehen, den Strunk entfernen und die Tomaten in Würfel schneiden.

Die klein geschnittene Zwiebel in Olivenöl kurz anrösten und die Tomatenwürfel dazugeben. Den Knoblauch hineinpressen und mit Salz und Pfeffer würzen. Mit ein wenig Honig schmeckt die Soße nicht so säuerlich. Wenn nötig, Wasser oder Suppe hinzufügen und die Soße ca. 20 Minuten köcheln lassen.

Die Nudeln bissfest kochen. Den Mozzarella in kleine Würfel schneiden, den Parmesan fein reiben.

Nun wird das Ganze in eine Auflaufform geschichtet. Mit den Nudeln beginnen, darüber kommt etwas Tomatensoße, darauf etwas Mozzarella und eine Hand voll Parmesan. Eine Hand voll Basilikumblättchen zerkleinern und diese grob über den Käse geben. Nun weiterschichten, bis alle Zutaten verbraucht sind. Mit einer Käseschicht abschließen.

Der Auflauf kommt nun bei ca. 180 °C für 25 Minuten ins Backrohr.

Nährwerte pro Portion:	
Energie	690 kcal / 2.890 kJ
Eiweiß	46,3 g
Fett	27,9 g
Kohlenhydrate	66,8 g
Ballaststoffe	13,9 g
Zucker	0,9 g

Polentaschnitten

1/8 l Milch
1/4 l Wasser
Salz
100 g Maisgrieß
30 g Butter
30 g Parmesan

Milch und Wasser mit Salz zum Kochen bringen, den Maisgrieß einstreuen und unter ständigem Rühren bei kleiner Hitze kochen, bis die Masse streichfähig ist. Butter einrühren und die Grießmasse fingerdick auf ein Blech oder ein Brett streichen, auskühlen lassen und mit dem geriebenen Parmesan bestreuen.

Rechtecke schneiden (das Messer zwischendurch in kaltes Wasser tauchen), auf ein mit Backpapier ausgelegtes Backblech geben und bei ca. 180 °C 15 Minuten goldgelb backen.

Serviervorschlag:
Mit Tomatensoße und Salat reichen.

Nährwerte pro Portion:	
Energie	195 kcal / 817 kJ
Eiweiß	5,7 g
Fett	10,3 g
Kohlenhydrate	20 g
Ballaststoffe	1,2 g
Zucker	0,3 g

Hirselaibchen

1 Zwiebel, gehackt
1 Knoblauchzehe, gehackt
1 EL Olivenöl · 1/4 l Hirse · 1/2 l Gemüsesuppe
100 g Käse, gerieben · 1 Ei
20 g Vollkornbrösel · frisch gehackte Petersilie
Salz, Pfeffer

Zwiebel und Knoblauch in Olivenöl glasig anschwitzen. Die Hirse zuerst warm, dann kalt waschen und zur Zwiebel geben und mit Gemüsesuppe aufgießen. Das Ganze ca. 10 – 15 Minuten dünsten.

Wenn die Hirse etwas überkühlt ist, Käse, Ei, Brösel und Petersilie untermischen, mit Salz und Pfeffer würzen.

Aus dieser Masse kleine Knödel formen, die dann zu Laibchen vorsichtig flach gedrückt und in etwas Bröseln gewälzt werden. Die Laibchen in wenig Olivenöl backen (nur so viel Olivenöl nehmen, dass der Boden der Pfanne bedeckt ist).

Dazu Petersilienkartoffeln und gemischten Salat servieren!

Nährwerte pro Portion:	
Energie	257 kcal / 1.076 kJ
Eiweiß	12,5 g
Fett	14,4 g
Kohlenhydrate	19 g
Ballaststoffe	3,3 g
Zucker	0,8 g

Hafer-Karotten-Laibchen

2 Portionen

1/4l Gemüsebrühe
100 g Haferflocken
160 g Karotten
160 g Kohlrabi
Salz, Pfeffer, etwas gehackte Petersilie
1 Ei
30 g fettarmer Schnittkäse

Gemüsebrühe erhitzen, die Haferflocken einrühren und ca. 10 Minuten quellen lassen. Karotten und Kohlrabi fein raspeln und gemeinsam mit den Gewürzen und dem Ei zu den Haferflocken geben.

Aus der Masse 4 Laibchen formen und auf ein mit Backpapier belegtes Backblech geben.

Im Rohr bei 170 °C ca. 20 Minuten backen. Anschließend mit geriebenem Käse bestreuen und ca. 10 Minuten fertig backen.

Nährwerte pro Portion:	
Energie	331 kcal / 1.384 kJ
Eiweiß	16,8 g
Fett	11,5 g
Kohlenhydrate	39,3 g
Ballaststoffe	7,3 g
Zucker	3 g

Gemüsepalatschinken

220 g Vollkorn-Dinkelmehl · etwas Salz
3 ganze Eier · ca. 3/8 l Milch
einen Schuss Mineralwasser
1 Stange Lauch (Porree) · Olivenöl
ca. 500 g Gemüse, je nach Saison
15 g Crème fraîche · 15 g Edamer

Dinkelmehl, Salz, Eier, Milch und Mineralwasser vermengen, sodass ein dünnflüssiger Teig entsteht. Nacheinander Palatschinken (Pfannkuchen) backen und auskühlen lassen. Lauch in Scheiben schneiden und in etwas Olivenöl anschwitzen. Gekochtes, klein geschnittenes Gemüse mit dem Lauch und Crème fraîche vermengen.

Diese Masse in die Mitte der Palatschinken aufdressieren, Palatschinken zusammenrollen und in eine befettete Form schichten. Palatschinken mit geriebenem Käse bestreuen und bei ca. 150 °C ins Rohr geben. Dazu passt hervorragend eine Jogurt-Kräuter-Soße und grüner Salat mit Kernöl.

Für die Soße gleiche Teile Jogurt und Sauerrahm in einem Topf vermischen und erwärmen (nicht zu heiß!), frisch gehackte Kräuter dazugeben, mit Salz und Pfeffer würzen.

Nährwerte pro Portion:	
Energie	381 kcal /1.593 kJ
Eiweiß	18,2 g
Fett	15,2 g
Kohlenhydrate	41,8 g
Ballaststoffe	7,5 g
Zucker	0,6 g

Quinoa-Fleisch
mit Gemüse

200 g Quinoa
1 Zwiebel
1 EL Öl
300 g Putenfleisch
ca. 1/8 l Wasser
250 g Mischgemüse
Kümmel, Salz
Kräuter

Quinoa in einem Topf mit der 3fachen Wassermenge ca. 15 Minuten kochen (wie Reis). Zwiebel in einer Pfanne leicht anrösten und würfelig geschnittenes Putenfleisch dazugeben. Kurz weiterrösten, Wasser, Mischgemüse und Gewürze dazugeben und 10 Minuten dünsten.

Danach geben Sie die gekochte Quinoa dazu und stellen das Ganze ins vorgeheizte Backrohr, um die Masse etwas ziehen zu lassen.

Nährwerte pro Portion:	
Energie	357 kcal / 1.493 kJ
Eiweiß	24,5 g
Fett	13 g
Kohlenhydrate	35,4 g
Ballaststoffe	4,6 g
Zucker	1,8 g

Kamut-Hirse-Palatschinken
mit Gemüsefülle

250 g Kamutvollkornmehl, fein gemahlen
70 g Hirsemehl, frisch gemahlen · 3 Eier
Mineralwasser · 1 Prise Salz
nach Geschmack: frisch geschnittenen Schnittlauch

Fülle:
600 g Gemüse der Saison · ca. 1/8 l Sauerrahm (saure Sahne), Schnittlauch · Salz, Pfeffer

Kamutmehl mit Hirsemehl mischen, mit den Eiern und dem Mineralwasser (nach Bedarf) zu einem mittelweichen Teig anrühren. Salzen und je nach Geschmack Schnittlauch beimengen. Den Palatschinkenteig (Pfannkuchenteig) 1/2 bis 1 Stunde quellen lassen.

Für die Gemüsefülle das Gemüse in Salzwasser weich kochen, das Wasser abseihen und das Gemüse etwas abkühlen lassen. Mit Rahm mischen und würzen. Schnittlauch nach Bedarf zugeben.

Die Palatschinken in Fett herausbacken mit der Gemüsefülle bestreichen, zusammenrollen und mit Schnittlauch bestreuen.

Nährwerte pro Portion:	
Energie	354 kcal / 1.482 kJ
Eiweiß	17,7 g
Fett	6,9 g
Kohlenhydrate	55,2 g
Ballaststoffe	0,4 g
Zucker	0 g

LA GIOIOSA

Hirsenockerln
auf Zucchini-Paprika-Gemüse

250 g Hirse (oder Hirsemehl)
3 Eier
400 g Topfen (Quark), fettarm
Salz, Muskat
1 EL Parmesan

Zucchini-Paprika-Gemüse:
2 Zucchini
1 roter Paprika
1 gelber Paprika
1/2 Zwiebel
1 EL Pflanzenöl
Salz, Pfeffer
1 rohe Kartoffel
1/2 Bund Petersilie

Hirse fein mahlen. Eier trennen. Eigelbe mit Hirse, Topfen, Salz, Muskat und Parmesan vermischen und mindestens 15 Minuten quellen lassen. In der Zwischenzeit das Backrohr auf 200 °C vorheizen, ein tiefes Backblech mit Wasser füllen, salzen und erhitzen.

Für das Gemüse Zucchini, Paprika und Zwiebel klein schneiden, in Öl anrösten, mit etwas Wasser aufgießen und dünsten lassen. Würzen und eine rohe, geraspelte Kartoffel einrühren, kurz aufkochen lassen und alles mit einem Pürierstab fein mixen. Mit Petersilie bestreuen.

Die Eiweiße steif schlagen, unter die Hirsemasse ziehen und mit einem Esslöffel Nockerln ausstechen. Diese auf das Blech ins Wasser legen und bei 180 °C ca. 25 Minuten ziehen lassen. Nach der halben Garzeit einmal wenden.

Die abgetropften Nockerln auf dem Gemüse anrichten.

Nährwerte pro Portion:	
Energie	358 kcal / 1.922 kJ
Eiweiß	26,5 g
Fett	12,4 g
Kohlenhydrate	58,6 g
Ballaststoffe	5 g
Zucker	0,4 g

Quinoa-Nuss-Laibchen
mit Kürbissoße

150 g Quinoa · 350 ml Wasser · Salz · 1 kleine Zwiebel · 1 Bund Petersilie · 1 EL gehackte Walnüsse 1 Ei · Salz, Pfeffer, Muskat · Öl zum Herausbraten

Soße: *500 g Hokkaidokürbis · Salz, Pfeffer Kreuzkümmel · scharfer Curry*

Für die Laibchen: Quinoa und Wasser aufkochen lassen, salzen und bei schwacher Hitze ca. 15 Minuten leicht köcheln lassen. Anschließend kurz überkühlen.

Zwiebel und Petersilie fein hacken und gemeinsam mit den Walnüssen und dem Ei unter die Quinoa mischen, würzen. Aus der Masse 8 Laibchen formen und diese im heißen Öl beidseitig ca. 3 Minuten anbraten.

Für die Soße: Kürbis waschen, entkernen und mit der Schale grobwürfelig schneiden. Mit etwas Wasser weich dünsten, würzen. Zum Schluss mit einem Mixstab fein pürieren und gemeinsam mit den Laibchen servieren.

TIPPS

- Statt Quinoa kann auch Hirse verwendet werden.
- Statt der Kürbissoße können die Laibchen auch mit Kartoffel- oder Selleriepüree serviert werden.

Nährwerte pro Portion:	
Energie	297 kcal / 1.242 kJ
Eiweiß	7,7 g
Fett	14,6 g
Kohlenhydrate	33,4 g
Ballaststoffe	4,7 g
Zucker	1,6 g

Italienischer Nudelauflauf

400 g Vollkornnudeln nach Wahl
1 Melanzani (Aubergine) · 1 Zucchini
frischer Thymian · 1 EL Olivenöl · 2 EL Butter
2 EL Dinkelmehl · 1/8 l Suppe · 1/8 l Milch
2 Knoblauchzehen · 1 EL Tomatenmark
Oregano · Meersalz, Pfeffer

Vollkornnudeln nach Anweisung bissfest kochen. Inzwischen Melanzani und Zucchini in kleine Würfel schneiden und mit den Thymianblättchen in Olivenöl andünsten. 2 EL Butter erhitzen. Darin 2 EL Dinkelmehl leicht anschwitzen und mit Suppe und Milch aufgießen. Mit einem Schneebesen gut durchrühren, damit sich keine Klümpchen bilden. 2 Knoblauchzehen in die Soße pressen und Tomatenmark dazugeben sowie den Oregano. Mit Salz und Pfeffer würzen. Einmal aufkochen lassen – fertig.

Nudeln abseihen und mit dem gedünsteten Gemüse vermischen. Das Ganze in eine gebutterte Auflaufform geben. Nun die Soße darübergießen. Nach Belieben den Auflauf mit frisch geriebenem Parmesan bestreuen.

Der Auflauf kommt bei 180 °C für ca. 25 Minuten in das Backrohr.

Nährwerte pro Portion:	
Energie	495 kcal / 2.072 kJ
Eiweiß	16,8 g
Fett	15,8 g
Kohlenhydrate	70,4 g
Ballaststoffe	14,2 g
Zucker	0,9 g

Kamut-Tascherln
mit Spinat-Schafkäse-Fülle

15 Stück

500 g Kamutvollkornmehl, fein vermahlen
45 g Hefe
15 g Salz
ca. 200 g Wasser
1 Ei
100 g Butter
25 g Honig

Fülle:
500 g Spinat, passiert
300 g Schafkäse, grob gerieben
40 g Kamutmehl
20 g Knoblauch
100 g Oregano
10 g Salz

Hefe und Salz in Wasser auflösen. Die restlichen Zutaten dazugeben und zu einem glatten, eher festen Teig verarbeiten. Den Teig rasten lassen.

Für die Fülle den passierten Spinat, Schafkäse und Kamutmehl mit Knoblauch, Oregano und Salz vermischen. Die Gewürze können nach Geschmack erhöht, verringert oder auch gänzlich weggelassen werden.

Den Teig rechteckig ausrollen (50 x 30 cm), in Quadrate (10 x 10 cm) teilen und mit dem Küchenmesser schneiden. Die Fülle mit einem Löffel oder Dressiersack in die Mitte der quadratischen Teigstücke geben. Nun die Quadrate so zusammenlegen, dass die Spinatfülle nicht auslaufen kann. Die fertigen Spinattascherln auf befettete Backbleche setzen, mit Ei bestreichen und mit gehackten Kürbiskernen bestreuen.

Nach 45 Minuten Gärzeit im vorgeheizten Backrohr bei 180 °C ca. 20 Minuten backen.

Nährwerte pro Stück:	
Energie	257 kcal / 1.075 kJ
Eiweiß	12,8 g
Fett	11 g
Kohlenhydrate	26,6 g
Ballaststoffe	1 g
Zucker	0,3 g

Pizzateig Grundrezept

8 Portionen

1.000 g Vollkornmehl
ca. 550 g Wasser
120 g Olivenöl
40 g Hefe
20 g Salz

Runde gezogene Pizza ca. 150 – 200 g pro Portion
Blechpizza ca. 500 – 700 g

Pizzateig kann man aus 3 verschiedenen Weizensorten herstellen: Weizen-, Dinkel- oder Kamutvollkornmehl.

Wichtige Voraussetzungen für die gute Qualität des Pizzateiges:

- Das Mehl muss ganz fein vermahlen sein, damit es ein feiner plastischer Teig wird.
- Hefe und Salz in Wasser auflösen und mit den restlichen Zutaten zu einem weichen Teig verarbeiten.
- Die Teigtemperatur sollte nicht höher als 23 – 25 °C sein.
- Pizzateig muss etwas länger gemischt werden als vergleichbarer Teig (am besten in der Küchenmaschine 12 – 14 Minuten).
- Anschließend in Portionen aufteilen, rundwirken und mindestens 60 Minuten zugedeckt aufgehen lassen.

Diesen Pizzateig kann man sowohl als klassische runde Pizza (ausgezogen) oder auch rechteckig ausgerollt als Blechpizza verwenden.

Tomatensoße wird auf jeden Pizzateig gestrichen.

Tomatensoße kann auch selbst hergestellt werden: Tomaten ein paar Minuten kochen, abschälen und passieren oder mixen. Mit Salz, Oregano und nach Geschmack mit etwas Basilikum abschmecken.

Fertige Pizzatomatensoße wird auch im Handel (meistens in Dosen) angeboten. Ketchup als Pizzatomatensoße zu verwenden, ist grundsätzlich nicht zu empfehlen.

Beim Backen unterscheidet man zwischen der runden, gezogenen Pizza mit sehr dünnem Teig und der etwas dicker ausgerollten Blechpizza.

- Die runde, gezogene Pizza wird dünn belegt und im Backrohr bei hoher Hitze (ca. 250 °C Heißluft) ca. 5 – 6 Minuten gebacken.
- Die Blechpizza wird etwas dicker belegt und bei ca. 210 – 220 °C ohne Heißluft ca. 10 – 15 Minuten gebacken.

Als Pizzagewürz verwendet man Oregano. Es kann aber auch eine fertige Pizzagewürzmischung verwendet werden. Knoblauchliebhaber bestreichen den Pizzarand gerne mit Knoblauchöl. Etwas Öl in ein Glas geben, Knoblauchzehe hineinpressen, kurz stehen lassen, umrühren und fertig.

Schnelle Pizza

Statt Pizzateig werden bei dieser Art von Pizza durchgeschnittene Weckerln (4 Stück) oder Baguettes oder ganz einfach Brotscheiben verwendet. Es eignen sich alle neutral schmeckenden Weckerln und Brotsorten, natürlich auch die vom Vortag.

Tunfischfülle:

300 g Tunfisch
200 g Pizzakäse, gerieben
75 g Zwiebel, fein gehackt
5 g Salz

Schinken-Käse-Fülle:

250 g Schinken
300 g Pizzakäse
200 g Mais
10 g Salz

Alle Zutaten in eine Schüssel geben; gut durchmischen, auf den halbierten Weckerln oder Brotscheiben gleichmäßig verteilen und mit Oregano bestreuen.

Eventuell noch mit etwas Käse bestreuen. Bei 230 °C Heißluft im vorgeheizten Backrohr ca. 3 – 5 Minuten backen.

TIPP

- Eine gute Idee für Kindergeburtstagsfeiern!

Nährwerte pro Weckerl mit Tunfischfülle:	
Energie	456 kcal / 1.905 kJ
Eiweiß	32,8 g
Fett	22,8 g
Kohlenhydrate	29,8 g
Ballaststoffe	3,3 g
Zucker	0,5 g

Nährwerte pro Weckerl mit Schinken-Käse-Fülle:	
Energie	508 kcal / 2.123 kJ
Eiweiß	37,1 g
Fett	22,3 g
Kohlenhydrate	39,2 g
Ballaststoffe	4,7 g
Zucker	0,6 g

Zartweizen-Lauch-Laibchen

2 Portionen

150 g Zartweizen
1/4 l Gemüsebrühe
1 kleine Stange Lauch
100 g Topfen (Quark), fettarm
2 EL Grieß
Petersilie, Salz, Pfeffer, Muskatnuss

Zartweizen in einer beschichteten Pfanne anrösten, mit der Gemüsebrühe aufgießen und auskühlen lassen.

Lauch in einer beschichteten Pfanne anrösten, Petersilie hinzufügen und Zartweizen beimengen. Topfen (Quark), Grieß und Gewürze dazugeben.

6 Laibchen formen und in einer beschichteten Pfanne auf beiden Seiten braten.

Nährwerte pro Portion:	
Energie	362 kcal / 1.515 kJ
Eiweiß	18,5 g
Fett	4,2 g
Kohlenhydrate	61,2 g
Ballaststoffe	11 g
Zucker	1,2 g

Reisfleisch

2 Portionen

2 kleine Zwiebeln
2 EL Rapsöl
300 g Schweinsschulter mager
3 EL edelsüßer Paprika
1 EL scharfer Paprika
1 KL Majoran
1/2 KL Thymian
1/2 KL Pfeffer
Salz
1/4 l Gemüsebrühe
150 g Rundkornreis
3/8 l Wasser
Salz

Zwiebeln fein schneiden und in Rapsöl anrösten. Schweinsschulter würfelig schneiden, mitrösten, die Gewürze beimengen und mit der Gemüsebrühe aufgießen. Ca. 45 Minuten auf kleiner Flamme zugedeckt dünsten.

Reis im gesalzenen Wasser ca. 20 Minuten dünsten und zum Fleisch geben.

Nährwerte pro Portion:	
Energie	687 kcal / 2.877 kJ
Eiweiß	38,6 g
Fett	29,8 g
Kohlenhydrate	65,6 g
Ballaststoffe	5,2 g
Zucker	0,8 g

Reis-Gemüse-Topf

250 g Vollkorn-Dinkelreis
1 EL Olivenöl · 3/4 l Gemüsesuppe
2 Zwiebeln, fein geschnitten
2 Knoblauchzehen, gehackt
200 g Champignons, geschnitten
1 gelber Paprika, in Würfel geschnitten
2 Tomaten, enthäutet und in Würfel geschnitten
100 g Erbsen
Salz, Pfeffer, evtl. Kräuter

Den Reis in etwas Olivenöl glasig anschwitzen und mit Gemüsesuppe nach und nach aufgießen. Gleichzeitig Zwiebeln und Knoblauch anschwitzen und Champignons, Paprika und Tomaten dazugeben. 5 – 10 Minuten dünsten, Erbsen dazugeben und fertig dünsten.

Reis und Gemüse vermischen und mit Salz, Pfeffer und Kräutern abschmecken.

TIPP

- Dazu passt hervorragend grüner Salat mit gerösteten Sonnenblumenkernen.

Nährwerte pro Portion:	
Energie	110 kcal / 461 kJ
Eiweiß	3,7 g
Fett	6,2 g
Kohlenhydrate	9,4 g
Ballaststoffe	4,7 g
Zucker	0,7 g

Vollkorn-Strudelteig

Grundrezept

6 Portionen

Strudelteig stellt man aus Weizen- oder aus Dinkelmehl her. Kamutmehl eignet sich für Strudelteig nicht!

250 g Vollkornmehl · ca. 100 ml Wasser
20 g Olivenöl · 1 Dotter (Eigelb)
1 – 2 g Salz (sehr kleine Prise)

Beim Strudelteig werden, um die Elastizität des Teiges zu verbessern, die Schalenanteile vom Vollkornmehl ausgesiebt und ausschließlich der Fülle zugegeben (egal ob süß oder pikant).

Alle Zutaten zu einem weichen Teig verarbeiten. Am Anfang ist der Teig relativ klebrig, wird aber nach längerem Mischen immer trockener. Den fertigen Strudelteig mit Öl bestreichen und luftdicht abdecken (evtl. Frischhaltefolie).

Die Oberfläche des Teiges darf nicht austrocknen. Den Teig mindestens 60 Minuten rasten lassen, maximal aber 2 Stunden.

Nährwerte pro Portion:	
Energie	171 kcal / 715 kJ
Eiweiß	5,3 g
Fett	5,5 g
Kohlenhydrate	24,8 g
Ballaststoffe	4,2 g
Zucker	0,3 g

Nudeln

Nudeln erzeugt man grundsätzlich aus Weizenmehl. 3 Sorten von Weizen stehen zur Verfügung: normaler Weizen, Dinkel oder Kamut, wobei sich Dinkel durch seinen hohen Eiweißanteil (Kleber) ganz besonders für Nudeln und alle möglichen Teigwarenrezepte eignet.

Kochen von Teigwaren

Teigwaren werden in der 10fachen Wassermenge gekocht (500 g Teigwaren = ca. 5 l Wasser).

Wasser salzen und Teigwaren in das kochende Wasser geben. (Mit Salz immer sparsam umgehen.) Die Kochzeit ist je nach Größe der Teigwaren und verwendeter Weizensorte verschieden. Auf jeden Fall sollte man zu langes Kochen vermeiden. Teigwaren abseihen, mit kaltem Wasser abschrecken und abtropfen lassen.

Selbst gemachte Nudeln mit Ei

6 Portionen

500 g Dinkelvollkornmehl, sehr fein vermahlen
(je feiner vermahlen, desto besser die Qualität)
3 ganze Eier (ca. 150 g)
10 g Salz
ca. 100 – 150 ml Wasser
20 g Olivenöl

Salz in etwas Wasser auflösen und alle Zutaten zu einem festen Teig verarbeiten. Gut durchkneten. Zugedeckt 45 Minuten rasten lassen, in 4 kleine Portionen teilen, auf einem Nudelbrett ausrollen und in die gewünschte Form schneiden. Anschließend trocknen lassen. (Dickere Nudeln brauchen länger zum Trocknen.)

Am besten die Nudeln schon am Vortag zubereiten.

Nährwerte pro Portion:	
Energie	333 kcal / 1.394 kJ
Eiweiß	13,4 g
Fett	8,6 g
Kohlenhydrate	49,8 g
Ballaststoffe	8,3 g
Zucker	0,5 g

Selbst gemachte Nudeln ohne Ei

6 Portionen

10 g Salz
ca. 1/4 l Wasser
500 g Dinkelvollkornmehl, fein vermahlen
30 g Olivenöl

Verarbeitung:
Siehe selbst gemachte Nudeln mit Ei.

Nährwerte pro Portion:	
Energie	302 kcal /1.262 kJ
Eiweiß	9,5 g
Fett	6,9 g
Kohlenhydrate	49,6 g
Ballaststoffe	8.3 g
Zucker	0,5 g

Vollkorn-Nudeln
mit Basilikum und Knoblauch

400 g Vollkorndinkel-Spagetti
Salz
Olivenöl
4 Knoblauchzehen
Basilikum

Spagetti in Salzwasser bissfest kochen. Olivenöl erwärmen (nicht zu heiß!), Knoblauch dazupressen, eine gute Hand voll Basilikumblätter klein hacken und dazugeben. Die Spagetti abseihen, kalt abspülen und in einer Pfanne mit dem Olivenöl, Basilikum und Knoblauch vermengen.

Serviervorschlag.
Mit gemischtem Salat mit Kernöl reichen.

Nährwerte pro Portion:	
Energie	164 kcal / 685 kJ
Eiweiß	5,9 g
Fett	3,6 g
Kohlenhydrate	26,6 g
Ballaststoffe	5,3 g
Zucker	0,4 g

Süßes

Begriffserklärungen

wirken, rundwirken rundschleifen	formen eines Teigstückes
die Gare, gären	Lockerung des Teiges durch die Hefe
ausstoßen	breit drücken und zusammenschlagen des Teiges
Ruhezeit	Zeit, die der Teig benötigt, um die Teigreife zu erlangen
Schluss	Teigfalten, die beim Wirken entstehen
Dampfl	Vorteig ausschließlich aus Wasser, Mehl und Hefe
entspannen	kurze Teigruhezeit zur besseren Verarbeitung des Teiges
aufarbeiten	Formgebung des Teigstückes
Gärdauer, Gärzeit	Teigruhezeit zwischen Formgebung und Backen des Teiges
Teigruhe	Gärzeit zwischen Mischen und Formgebung

Nuss-Rosinen-Weckerln

80 g Hefe · ca. 650 ml Wasser
25 g Salz · 1 Ei
120 g Honig
150 g Grünkernvollkornmehl, fein gemahlen
850 g Dinkelvollkornmehl, fein gemahlen
100 g Butter
200 g Nüsse, gehackt · 200 g Rosinen
3 EL Kokosraspeln zum Bestreuen (30 g)

Hefe in Wasser auflösen und mit Salz, Ei und Honig vermischen. Mit Grünkern und Dinkelmehl zu einem Teig verarbeiten. Butter erst im letzten Drittel des Mischvorganges beifügen. Zum Schluss Nüsse und Rosinen unter den Teig mischen.

Den Teig ca. 20 – 25 Minuten rasten lassen und in 80 g schwere Teigstücke teilen, rundschleifen und zu Weckerln formen. Mit Wasser bestreichen und mit Kokosraspeln bestreuen.

Die Weckerln ca. 30 – 40 Minuten aufgehen lassen und im vorgeheizten Backofen bei 180 °C backen. Ein Wassergefäß in den Ofen stellen.
Die Backzeit beträgt ca. 20 – 25 Minuten.

Nährwerte pro Stück:	
Energie	139 kcal / 583 kJ
Eiweiß	3,6 g
Fett	6,6 g
Kohlenhydrate	16,3 g
Ballaststoffe	2,7 g
Zucker	0,5 g

Kamut-Dinkel-Biskuitroulade

7 Stück à 90 g

5 Eier · 125 g Honig · 1 Prise Salz · abgeriebene Zitronenschale · 60 g fein gemahlenes Kamutvollmehl
60 g fein gemahlenes Dinkelvollkornmehl
200 g Marillenmarmelade (Aprikosen-) zum Bestreichen · Kokosraspel oder gehackte Mandeln

Eier, Honig, Salz und Zitronenschale zuerst über heißem Dampf warm aufschlagen, anschließend kalt schlagen. Kamut- und Dinkelmehl vermischen, vorsichtig mit einem Kochlöffel unter die aufgeschlagene Masse heben. Das Backblech mit Trennpapier belegen und die Masse gleichmäßig aufstreichen.
Im vorgeheizten Ofen bei 180 – 200 °C ca. 12 Minuten backen. Nach dem Backen den Biskuitfleck sofort vom Backblech nehmen, mit heißer Marillenmarmelade bestreichen und einrollen. Die ausgekühlte Biskuitroulade außen mit Marmelade bestreichen und nach Geschmack mit Kokosraspeln oder gehobelten Mandeln bestreuen.

TIPP

- Um eine gute Schnittfestigkeit zu erreichen, die Roulade 1 – 2 Stunden in den Kühlschrank stellen.

Nährwerte pro Stück (90 g):	
Energie	260 kcal / 1.089 kJ
Eiweiß	7,7 g
Fett	7,2 g
Kohlenhydrate	40,6 g
Ballaststoffe	2,6 g
Zucker	18 g

Haferbrei
mit Erdbeeren

100 g zarte Haferflocken
1/2 l Milch, fettarm
3 EL Honig
100 g Erdbeeren

Haferflocken unter ständigem Rühren 2 Minuten in der Milch aufkochen lassen.

Mit Honig süßen. Erdbeeren waschen, vierteln und unter den Haferbrei mischen.

Nährwerte pro Portion:

Energie	190 kcal / 794 kJ
Eiweiß	7,6 g
Fett	1,9 g
Kohlenhydrate	34,6 g
Ballaststoffe	1,9 g
Zucker	0,8 g

Grünkern-Vanille-Creme
mit frischen Früchten

200 g Erdbeeren
100 g Heidelbeeren
1 Apfel
etwas Zitronensaft
1/2 l Milch
3 EL Honig
Vanilleschote, Zimt
150 g Grünkernschrot
250 g Vanillejogurt (fettarm)

Beeren waschen, Apfel ungeschält in kleine Würfel schneiden und mit etwas Zitronensaft beträufeln.

Milch mit Honig, Vanilleschote und Zimt aufkochen lassen, Grünkernschrot einstreuen und bei schwacher Hitze ca. 10 Minuten quellen lassen. Vanilleschote entfernen, leicht überkühlen lassen und Vanillejogurt einrühren. Creme in Müslischalen füllen und das Obst vorsichtig unterheben.

Nährwerte pro Portion:

Energie	330 kcal / 1.379 kJ
Eiweiß	10,7 g
Fett	6,7 g
Kohlenhydrate	54,7 g
Ballaststoffe	6,5 g
Zucker	1,9 g

Hirseschnitten

12 Stück à 100 g

150 g Butter · 220 g Honig
3 Eidotter (Eigelb) · ca. 100 g Milch · 3 Eiweiß
500 g Hirsemehl · 10 g gemahlenes Reismehl
Saft und abgeriebene Schale von 1 Zitrone
10 g gemahlener Anis
10 g gemahlener Fenchel · 10 g Backpulver

Den Rand des Backbleches mit dünnen, 3 – 4 cm hohen Holzleisten umlegen. Butter mit 3/4 der Honigmenge schaumig rühren, Eidotter und Milch langsam unterrühren. Eiweiße mit restlichem Honig zu steifem Schnee schlagen und vorsichtig unter die aufgeschlagene Masse heben.

Das mit Reismehl, gemahlenen Gewürzen und Backpulver vermischte Hirsemehl vorsichtig einmelieren.

Die Masse auf das mit zerlassener Butter bestrichene und mit etwas Hirsemehl bestaubte Blech auftragen und gleichmäßig glatt verstreichen.

Im vorgeheizten Ofen bei 190 °C ca. 45 Minuten backen.

Etwas auskühlen lassen, aufschneiden und servieren.

Nährwerte pro Stück (100 g):	
Energie	331 kcal / 1.386 kJ
Eiweiß	5,1 g
Fett	13,4 g
Kohlenhydrate	47,3 g
Ballaststoffe	1,1 g
Zucker	0,5 g

Hirse-Biskotten

ca. 100 Stück

5 Eidotter (Eigelb) · 200 g Honig · Saft von 1 Zitrone
5 Eiweiß · 1 Prise Salz · 250 g Hirsemehl · 30 g Sojamehl · 1 Messerspitze Backpulver

Eidotter in eine Schüssel geben und mit 3/4 der Honigmenge und Zitronensaft gut schaumig rühren. Eiweiße mit dem restlichen Honig und einer Prise Salz zu einem steifen Schnee schlagen und unter die Dotter-Honig-Masse heben. Zuletzt das mit Sojamehl und Backpulver gut vermischte Hirsemehl langsam einmengen.

Mit dem Dressiersack mit mittelgroßer glatter Tülle auf mit zerlassener Butter bestrichene und mit Hirsemehl bestaubte Backbleche ca. 8 cm lange Biskotten dressieren. Sofort im vorgeheizten Ofen bei 170 °C ca. 12 Minuten backen.

Nach dem Backen ca. 15 Minuten auskühlen lassen. Biskotten vom Blech heben.

TIPP

- Biskotten sind ein Gebäck, das man gut auf Vorrat backen kann. Wenn man sie gut austrocknen lässt und in Keksdosen gibt, ist eine Haltbarkeit von Monaten gewährleistet. Sie sind ideal als Kaffee- oder Teegebäck.

Nährwerte pro Stück:	
Energie	20 kcal / 84 kJ
Eiweiß	0,5 g
Fett	0,5 g
Kohlenhydrate	0,9 g
Ballaststoffe	0 g
Zucker	0 g

Quinoa-Auflauf

100 g Quinoa
40 g Margarine
2 EL Honig (30 g)
2 Dotter (Eigelb)
125 g Topfen (Quark), fettarm
1 großer Apfel
2 Eiklar (Eiweiß) zu Schnee geschlagen
geriebene Zitronenschale
10 g Staubzucker (Puder-)

Quinoa mit der doppelten Menge Wasser 15 – 20 Minuten dünsten und dann auskühlen lassen.

Aus Margarine, Honig und Dottern einen Abtrieb zubereiten und mit dem Topfen (Quark) vermischen. Zum Schluss geriebenen Apfel, Quinoa, Eischnee und Zitronenschale unterheben.

Die Backzeit beträgt ca. 50 Minuten bei 180 °C.

Vor dem Servieren den Auflauf mit Staubzucker bestreuen.

Nährwerte pro Portion:	
Energie	276 kcal /1.153 kJ
Eiweiß	11,7 g
Fett	12,8 g
Kohlenhydrate	28,3 g
Ballaststoffe	1,7 g
Zucker	3,4 g

Striezel aus Dinkel

500 g Dinkelmehl · ca. 200 g Milch · 40 g Hefe
150 g Butter · 80 g Honig · 5 Eidotter (Eigelb)
abgeriebene Zitronenschale · 1 Prise Salz
Ei zum Bestreichen

200 g Dinkelmehl in eine Schüssel geben, eine Mulde drücken und mit der auf 30 °C erwärmten Milch und der Hefe einen Ansatz (Dampfl) machen. 30 Minuten rasten lassen. Dann sämtliche andere Zutaten dazugeben und zu einem Teig verkneten. Den Teig so lange mischen, bis er sich von der Schüssel löst.

30 Minuten ruhen lassen, noch einmal kräftig durchkneten und nach einer weiteren Teigruhe von 30 Minuten aufarbeiten. Den Teig in 3 gleich schwere Stücke teilen und zu ca. 30 cm langen Teigstangen ausrollen.

Einen Dreierzopf flechten: abwechselnd den rechten und den linken Teigstrang über den jeweiligen mittleren legen. Mit Ei bestreichen und mit gehackten Mandeln bestreuen.

In die viereckige mit zerlassener Butter bestrichene und mit gehobelten Mandeln ausgestreute Kuchenform setzen und nach einer Teigruhe von ca. 30 Minuten im auf 170 °C vorgeheizten Ofen ca. 40 Minuten goldgelb backen. Etwas auskühlen lassen. Aus der Form nehmen.

Nährwerte pro 100 g:	
Energie	331 kcal / 1.386 kJ
Eiweiß	7,4 g
Fett	16 g
Kohlenhydrate	39,4 g
Ballaststoffe	1,9 g
Zucker	0,3 g

Briochestriezel
aus Kamutmehl

2 Striezel mit ca. 450 g = je 9 Stück mit 50 g

40 g Hefe · 1 Prise Salz
ca. 1/4 l Milch (25 °C)
500 g Kamutvollkornmehl, fein gemahlen
80 g Honig · 4 Dotter (Eigelb)
abgeriebene Zitronenschale
150 g Butter

Hefe und Salz in Milch auflösen und mit den restlichen Zutaten (außer der Butter) zu einem mittelfesten Teig vermengen. Die Butter erst im letzten Drittel des Mischens dazugeben. Den Teig so lange mischen, bis er sich von der Schüssel löst.

30 Minuten ruhen lassen und danach den Teig aufarbeiten und in sechs gleich große Stücke teilen. Die Teigstücke zu gleich lang verlaufenden Teigstangen (20 cm) ausrollen und zwei Dreierzöpfe flechten.

Auf ein befettetes Backblech legen, mit Ei bestreichen und mit gehackten Mandeln bestreuen. Ca. 40 Minuten stehen lassen und anschließend bei 170 °C in das vorgeheizte Backrohr geben. Backzeit: ca. 30 – 40 Minuten.

Nährwerte pro Stück:	
Energie	203 kcal / 1.848 kJ
Eiweiß	6,4 g
Fett	9,7 g
Kohlenhydrate	22,6 g
Ballaststoffe	0 g
Zucker	0,1 g

Topfenpalatschinken

Palatschinkenteig (Pfannkuchenteig):

250 g Vollkorn-Dinkelmehl, fein gemahlen · 2 Eier
3/8 l Milch, fettarm · etwas Mineralwasser
Prise Salz

Topfenfülle (Quarkfülle):

500 g grober Topfen (Quark) · 1/4 l Sauerrahm, fettarm (saure Sahne) · Schale einer unbehandelten Zitrone · Honig nach Geschmack

Aus den Zutaten Teig anrühren, etwas Butter in die heiße Pfanne geben, die Palatschinken nacheinander backen und etwas überkühlen lassen.

Topfenfülle: Topfen mit Sauerrahm abmischen und Zitronenschale und Honig zufügen.

Die Palatschinken werden mit dieser Masse bestrichen, zusammengerollt und serviert.

Energiereiche Variante

Sie können die Topfenpalatschinken auch in eine Form schichten und mit einem Überguss im Rohr bei 170 °C kurz überbacken (siehe Foto).

Überguss:

1/8 l Sahne, 1 Ei, 1/16 l Milch, 20 g Honig

Nährwerte pro Portion:	
Energie	450 kcal / 1.880 kJ
Eiweiß	28,7 g
Fett	15,1 g
Kohlenhydrate	47,3 g
Ballaststoffe	6,3 g
Zucker	0,6 g

Grießnudeln

Nudeln:
ca. 350 – 400 g in Salzwasser kochen

Grießmischung:
40 g Butter
120 g Grieß
30 g Honig
130 g Milch, fettarm

Butter in einer Pfanne zerlassen, den Grieß hellbraun rösten, Honig mit der Milch verrühren und dazugeben, ca. 3 Minuten dünsten lassen.

Die gekochten Nudeln mit der Grießmischung vermengen und unter öfterem Umrühren 5 Minuten nachdünsten lassen. Mit Kompott je nach Belieben servieren.

Nährwerte pro Portion:	
Energie	555 kcal / 2.320 kJ
Eiweiß	16,4 g
Fett	12,1 g
Kohlenhydrate	96,3 g
Ballaststoffe	7,1 g
Zucker	0,6 g

Polenta-Auflauf

1/2 l Milch, fettarm
150 g Polenta (Maisgrieß)
2 Eidotter (Eigelb)
50 g Topfen (Quark), fettarm
100 g Zucker
3 Eiklar (Eiweiß)
Salz

Milch aufkochen und die Polenta einrühren und ca. 5 Minuten quellen lassen. Eidotter, Topfen (Quark) und Zucker schaumig rühren und unter die ausgekühlte Polentamasse heben. Eiklar mit Salz zu steifem Schnee schlagen und vorsichtig unterheben. Masse in eine beschichtete Auflaufform geben und im Rohr bei 180 °C ca. 45 Minuten backen.

TIPP

- Mit passierten Erdbeeren oder anderen Früchten der Saison servieren.

Nährwerte pro Portion:	
Energie	337 kcal / 1.412 kJ
Eiweiß	14,2 g
Fett	4,1 g
Kohlenhydrate	59,6 g
Ballaststoffe	1,9 g
Zucker	25,4 g

Dinkel-Kamut-Buchteln

Hefegebäck – 25 Stück

40 g Hefe · 5 g Salz · ca. 230 ml Milch
250 g Kamutvollkornmehl, fein gemahlen
250 g Dinkelvollkornmehl, fein gemahlen
75 g Honig · 90 g Butter · 2 Dotter (Eigelb)
Zitronenschale, gerieben · Marmelade zum Füllen (100 g) · Zerlassene Butter zum Bestreichen

Hefe und Salz in Milch auflösen und mit den restlichen Zutaten zu einem eher weichen Teig verarbeiten.

Den Buchtelteig ca. 20 Minuten zugedeckt liegen lassen und anschließend ausrollen (30 x 30 cm). In 5 x 5 cm große Teile schneiden und mit Marmelade füllen.

Je nach Geschmack nimmt man Powidl- (Pflaumenmus), Marillen-(Aprikosen-) oder Erdbeermarmelade.

Die vier Ecken der einzelnen Teigstücke so zusammendrücken, dass die Marmelade nicht auslaufen kann. Jede einzelne Buchtel wird mit Butter bestrichen und mit dem Schluss nach unten in eine Pfanne gelegt.

Die Buchteln ca. 30 – 35 Minuten aufgehen lassen und bei 170 °C ca. 30 Minuten backen.

Nach dem Ausbacken mit zerlassener Butter bestreichen.

Nährwerte pro Stück:	
Energie	128 kcal / 533 kJ
Eiweiß	3,7 g
Fett	4,4 g
Kohlenhydrate	18,2 g
Ballaststoffe	1 g
Zucker	2,8 g

Powerkugeln

10 Stück

75 g getrocknete Feigen
75 g getrocknete Aprikosen (Marillen)
50 g getrocknete Pflaumen
50 g Haferflocken
50 g Walnüsse, gerieben
40 g Honig · 50 g Sesam

Trockenfrüchte in etwas Wasser ca. 15 Minuten einweichen und klein hacken, mit Haferflocken, zwei Dritteln der Nüsse und Honig vermischen. Sesam in einer beschichteten Pfanne ohne Fett anrösten und zu den anderen Zutaten geben. Aus der Masse 10 Kugeln formen, in den restlichen Nüssen wälzen und mindestens einen Tag trocknen lassen.

TIPPS

- Bei Kühllagerung sind sie bis zu einer Woche haltbar.
- Die Kugeln können auch in Kokosflocken oder Sesam gewälzt werden.
- Statt Feigen oder Aprikosen können auch getrocknete Datteln oder Rosinen verwendet werden.

Nährwerte pro Stück:	
Energie	144 kcal / 605 kJ
Eiweiß	3,3 g
Fett	6,3 g
Kohlenhydrate	18,2 g
Ballaststoffe	3,1 g
Zucker	3,8 g

Vollkorn-Dinkel-Sachertorte

14 Stück

160 g Butter
240 g Honig
6 Eidotter (Eigelb)
160 g Schokolade
6 Eiweiß
160 g Dinkelvollkornmehl

Glasur:
150 g Marillenmarmelade (Aprikosen-)
200 g Honig
ca. 250 g Schokolade
50 g Wasser

Tortenform mit einem Durchmesser von 24 cm mit einem Papierrand umschlagen.

Butter in eine Schüssel geben und mit 3/4 der Honigmasse schaumig rühren, nach und nach Dotter dazugeben und gut einrühren. Zum Schluss die erwärmte Schokolade kurz einrühren. Eiweiße mit restlichem Honig zu steifem Schnee schlagen. Beide Massen vermischen und das fein gemahlene Weizenvollkornmehl vorsichtig einrühren. Die Masse darf auf keinen Fall zu fest sein, sie soll eine weiche, lockere Konsistenz aufweisen.

In den vorbereiteten Tortenreifen abfüllen und im vorgeheizten Ofen bei 160 °C – 170 °C ca. 50 Minuten backen. Nach dem Backen gut auskühlen lassen.

Die Sachertorte am besten einen Tag vor dem Servieren backen. Einmal in der Mitte waagrecht durchschneiden, mit Marillenmarmelade füllen und wieder zusammensetzen. Die Oberfläche mit heißer Marillenmarmelade dünn bestreichen.

Glasur:
Honig, Schokolade und Wasser unter ständigem Rühren auf ca. 45 – 50 °C erwärmen. Die aprikotierte Torte mit der weichen Glasur ganz dünn überziehen und erstarren lassen. Nachdem die Glasur gut getrocknet ist, mit einem in heißes Wasser getauchten Messer portionieren.

Nährwerte pro Stück:	
Energie	466 kcal / 1.950 kJ
Eiweiß	8,3 g
Fett	21,5 g
Kohlenhydrate	59,3 g
Ballaststoffe	2,4 g
Zucker	18,9 g

Vollkorn-Teekuchen

12 Stück

120 g Butter
140 g Zucker
3 Dotter (Eigelb)
150 g Gemisch aus Rosinen, Zitronat, Nüssen, Aranzini, kandierten Früchten, Schokolade
Zitronensaft
Abrieb von einer halben Zitrone
140 g Dinkelvollkornmehl, fein gemahlen
1 Messerspitze Backpulver
3 Eiklar (Eiweiß) zu festem Schnee geschlagen
60 g gepoppter Amaranth

Butter, Zucker und Dotter sehr schaumig rühren. Das in Mehl gewälzte Früchtegemisch, Zitronensaft und Schale einrühren.

Das mit Backpulver versiebte Mehl mit gepopptem Amaranth und dem Eischnee vorsichtig in die Masse einrühren.

In eine befettete, bemehlte Kastenform füllen. Im vorgeheizten Backrohr bei 170 °C ca. 40 Minuten backen.

Nährwerte pro Stück:	
Energie	227 kcal / 950 kJ
Eiweiß	4,1 g
Fett	11,9 g
Kohlenhydrate	25,7 g
Ballaststoffe	1,6 g
Zucker	14,8 g

Vollkorn-Teegebäck

600 g Dinkelvollkornmehl, fein gemahlen
140 g Amaranth · 480 g Butter
240 g Honig · 1 Ei · Vanille · Zitronensaft (10 g)
1 Ei zum Bestreichen · 100 g Nüsse zum Bestreuen
Marmelade (30 g) · Schokolade zum Eintauchen

Alle Zutaten mischen und zu einem Mürbteig kneten. Vorsicht: Alle Zutaten müssen bei Zimmertemperatur verarbeitet werden (20 – 25 °C).

Die Butter darf auf keinen Fall zu fest oder zu weich sein. Wenn alle Zutaten vermischt sind und keine Farbunterschiede im Teig erkennbar sind, noch ca. 1/2 – 1 Minute weiterkneten. Mürbteige nie zu lange kneten! Danach den Teig 2 Stunden in den Kühlschrank stellen, damit er sich besser ausrollen lässt. Anschließend den Mürbteig mit einem Rollholz ca. 2 – 4 mm dick ausrollen.

Mit verschiedenen Formen Kekse ausstechen, mit Ei bestreichen und mit Sesam, Nüssen oder Kokosraspeln bestreuen.

Bei 160 °C ca. 10 – 15 Minuten backen. Anschließend mit Marmelade zusammensetzen oder in Schokolade tauchen.

Nährwerte pro 100 g:	
Energie	513 kcal / 2.148 kJ
Eiweiß	9,1 g
Fett	32,5 g
Kohlenhydrate	46,5 g
Ballaststoffe	6,6 g
Zucker	2,3 g

Brot & Gebäck

Begriffserklärungen

wirken, rundwirken rundschleifen	formen eines Teigstückes
die Gare, gären	Lockerung des Teiges durch die Hefe
ausstoßen	breit drücken und zusammenschlagen des Teiges
Ruhezeit	Zeit, die der Teig benötigt, um die Teigreife zu erlangen
Schluss	Teigfalten, die beim Wirken entstehen
Dampfl	Vorteig ausschließlich aus Wasser, Mehl und Hefe
entspannen	kurze Teigruhezeit zur besseren Verarbeitung des Teiges
aufarbeiten	Formgebung des Teigstückes
Gärdauer, Gärzeit	Teigruhezeit zwischen Formgebung und Backen des Teiges
Teigruhe	Gärzeit zwischen Mischen und Formgebung

Herstellung eines Sauerteiges

Bei einigen Brotrezepten benötigt man für die Rezeptur einen Sauerteig. Sauerteig bekommt man beim Bäcker oder in einem Reformgeschäft in trockener oder teigähnlicher Konsistenz. Natürlich kann man Sauerteig auch selbst herstellen.

Zutaten für den Sauerteig (320 g):

300 g Roggenmehl, frisch vermahlen
300 ml Wasser
Roggenmehl zum Stauben
1 EL Sauermilch (15 g)
Zwiebelringe

3 Tage Reifezeit

1. Tag:

100 g Roggenmehl, 100 g Wasser und 1 EL Sauermilch in einer Plastik- oder Nirostaschüssel zu einem weichen Teig verrühren, diesen mit Mehl bestreuen und mit Zwiebelringen belegen, um jegliche Art von Fremdgärung fern zu halten. Den Teig 24 Stunden stehen lassen. Jetzt entwickeln sich in diesem Teig Essig- und Milchsäurebakterien.

2. Tag:

Die Zwiebelringe vom Teig entfernen und abermals 100 g Roggenmehl und 100 g Wasser dazugeben. Das Ganze zu einem Teig verarbeiten und Mehl darüber stauben. 24 Stunden stehen lassen.

3. Tag:

Noch einmal 100 g Roggenmehl und 100 g Wasser dazugeben, zu einem Teig verarbeiten und stauben. 24 Stunden stehen lassen.

Jetzt hat man einen reifen Sauerteig (genug Essig- und Milchsäure gezüchtet), um das Brot backfähig zu machen.

Aus diesem Sauerteigrezept erhält man mehr Sauerteig, als man bei den meisten Rezepten braucht. Den restlichen Sauerteig, der übrig bleibt, kann man einfrieren.

Ca. 6 Stunden vor der Verwendung den Sauerteig aus dem Gefrierschrank geben und ihn langsam auftauen lassen. So hat man jederzeit Sauerteig im Haus.

Dinkelbrot

1 Wecken mit ca. 1.350 g

800 g Dinkelvollkornmehl, fein gemahlen
550 ml Wasser (25 °C)
20 g Salz
50 g Hefe
30 g Butter

Das Dinkelvollkornmehl in eine Schüssel geben. In die Mitte des Mehls eine Mulde drücken. Wasser hineingeben, Hefe und Salz auflösen und unter gutem Durcharbeiten zu einem Teig mischen.

Die Butter soll immer erst im letzten Drittel des Mischprozesses dazugegeben werden. Würde man sie gleich zu Beginn zugeben, so würde das Fett die Hefezellen umschließen; diese Zellen könnten sich dann nur schlecht entwickeln und das Brot würde nur sehr langsam aufgehen.

Arbeiten Sie mit der Küchenmaschine, so mischen Sie bei mittlerer Geschwindigkeit ca. 12 Minuten lang, mit der Hand ca. 18 Minuten.

Den Teig etwa 20 Minuten liegen lassen (Teigruhe). Danach noch einmal fünf Minuten kräftig durchkneten. Dieser wiederholte Knetvorgang hat den Vorteil, dass restliches Wasser gebunden wird. Der Teig quillt besser auf, die Poren vermehren sich und das Brot wird dadurch größer und schöner.

Durch dieses zweite Durchkneten entsteht ein weiterer Vorteil: Die Krume bildet eine geschlossene, feste Konsistenz, das Brot wird beim Anschneiden nicht krümeln.

Nach diesem Vorgang den Teig weitere zehn Minuten liegen lassen. Auf einem Brett aufarbeiten, zu einem Wecken formen und auf das gefettete Backblech legen.

Nach weiteren 30 Minuten mit Wasser bestreichen, mit dem Messer drei seitliche Schnitte in das Brot machen und backen.
Dinkelbrot bei einer Temperatur von 220 °C in den Ofen geben, ein Gefäß mit Wasser dazustellen und nach 1 Minute auf 175 °C zurückdrehen.

Die Backzeit beträgt ca. 65 – 70 Minuten.

Nährwerte pro Scheibe (40 g):	
Energie	83 kcal / 346 kJ
Eiweiß	3 g
Fett	1,3 g
Kohlenhydrate	14,5 g
Ballaststoffe	2,4 g
Zucker	0,2 g

Dinkel-Hafer-Brot

2 Brote mit ca. 730 g

40 g Hefe · 20 g Salz · ca. 650 ml Wasser
350 g Dinkelvollkornmehl, fein gemahlen
350 g Hafervollkornmehl, grob gemahlen
150 g Sojaschrot · 10 g Koriander, gemahlen

Hefe und Salz in Wasser auflösen und mit den anderen Zutaten zu einem festen Teig verarbeiten. Den Teig 30 Minuten rasten lassen und dann noch einmal kräftig durchkneten. Nach einer weiteren Teigruhe von 30 Minuten aufarbeiten. Haferbrot ist eine besondere Brotsorte, daher wählt man auch eine besondere Form.

Man nimmt zwei Konservendosen mit einer Höhe von je zehn Zentimetern und einem Durchmesser von sieben Zentimetern. Diese Dosen innen mit Butter bestreichen und mit Haferflocken ausstreuen.

Den Teig in zwei Teile teilen, eine länglich ovale Form wirken und in beide Dosen einfüllen. 40 Minuten gären lassen. Dinkel-Hafer-Brot bei einer Temperatur von 220 °C in den Ofen geben, ein Gefäß mit Wasser dazustellen und nach 1 Minute auf 175 °C zurückdrehen.

Die Backzeit beträgt ca. 70 Minuten.

Nährwerte pro Scheibe (40 g):

Energie	60 kcal / 250 kJ
Eiweiß	3,5 g
Fett	1,5 g
Kohlenhydrate	7,9 g
Ballaststoffe	2,1 g
Zucker	0,2 g

Amaranth-Brot
mit Kürbiskernen

2 Brote à 1.150 g

70 g Hefe · 30 g Salz · ca. 750 g Wasser
250 g frisch gemahlenes Amaranthmehl
250 g frisch gemahlenes Roggenmehl
500 g frisch gemahlenes Dinkelmehl
350 g Kürbiskerne · 10 g gemischtes und gemahlenes Brotgewürz · 100 g Sauerteig

Hefe und Salz im Wasser auflösen, mit den restlichen Zutaten zu einem eher weichen Teig verarbeiten. 30 Minuten rasten lassen, anschließend aufarbeiten. Kürbiskernbrotteig auf 2 gleich große Stücke aufteilen, rundwirken. 2 – 3 Minuten rasten lassen.

Wecken formen, mit Wasser bestreichen und mit Kürbiskernen bestreuen. Auf ein befettetes Backblech geben und der Länge nach einschneiden.
Ca. 30 Minuten aufgehen lassen.

Den Ofen auf 220 °C vorheizen, ein Gefäß mit Wasser hineinstellen und das Brot in den Ofen geben.
Nach 1 Minute auf 175 °C zurückschalten und ca. 55 – 60 Minuten lang backen.

Nährwerte pro Scheibe (40 g):

Energie	kcal 112 / 468 kJ
Eiweiß	3,9 g
Fett	3,7 g
Kohlenhydrate	15,6 g
Ballaststoffe	1,6 g
Zucker	0,1 g

Dinkel-Kipferln mit Kürbiskernen

30 Stück

1.000 g Dinkelvollkornmehl, fein gemahlen
70 g Hefe
ca. 600 ml Wasser (30 °C)
15 g Salz
120 g Honig
120 g Butter
ca. 200 g Kürbiskerne, gehackt zum Wälzen

Das Dinkelvollkornmehl in eine Schüssel geben und in die Mitte des Mehls eine Vertiefung (Mulde) drücken. Hefe in etwas Wasser auflösen und hineingeben. Salz und Honig zufügen und von der Mitte aus mit dem Mehl vermengen. Wasser nach und nach beigeben. Den Teig sehr kräftig durchkneten. Zum Schluss wird die Butter hineingearbeitet.

Den Teig 20 Minuten gut zugedeckt an einem warmen Ort aufbewahren. Dann wieder kräftig durchmischen und weitere 15 Minuten liegen lassen. Nach dieser Ruhezeit wird der Teig ausgestoßen, anschließend werden Teigstücke mit einem Gewicht von je 60 g abgewogen.

Ca. 5 Minuten aufgehen lassen und dann mit einem Rollholz auf die Form einer Schuhsohle ausrollen (ca. 25 cm lang). Diesen ovalen Fleck unter gleichzeitigem leichtem Drücken mit der Hand aufrollen, so dass ein Teigstrang von ca. 20 cm und 6 Wicklungen entsteht.

Den gewickelten Teigstrang mit Ei bestreichen und in den gehackten Kürbiskernen wälzen. In Hufeisenform auf ein befettetes Backblech setzen. Ca. 40 Minuten gären lassen und bei einer Backtemperatur von 190 °C ca. 15 – 18 Minuten backen.

Beim Backen werden die gehackten Kürbiskerne geröstet und entwickeln einen besonderen Geschmack.

Nährwerte pro Stück:	
Energie	184 kcal / 769 kJ
Eiweiß	5,8 g
Fett	7,2 g
Kohlenhydrate	23,8 g
Ballaststoffe	3,9 g
Zucker	0,3 g

Dinkel-Grünkern-Baguette mit Oliven

2 Stück mit ca. 500 g

30 g Hefe
10 g Salz
ca. 380 ml Wasser (25 °C)
75 g Grünkernvollkornmehl, fein gemahlen
500 g Dinkelvollkornmehl, fein gemahlen
25 g Olivenöl
150 g Oliven, entkernt und klein gehackt

Hefe und Salz in Wasser auflösen und mit dem Grünkern- und dem Dinkelvollkornmehl zu einem weichen Teig kneten. Jetzt erst Olivenöl und Oliven dazugeben und den Teig fertig mischen.

Den Teig gut zudecken und ca. 90 Minuten an einem kühlen Ort aufbewahren. Die Oberfläche soll dabei nicht austrocknen. Durch die Liegezeit entsteht eine gute Aromabildung. Den Teig in zwei Teile teilen, rundwirken und nochmals zehn Minuten liegen lassen, damit eine Entspannung eintritt. Nach dieser kurzen Liegezeit den Teig sorgfältig in lange, dünne Stangen aufarbeiten.

Die zwei Stücke mit dem Schluss nach unten auf ein befettetes Backblech setzen und ca. 40 Minuten gären lassen. Mit der flach gehaltenen Klinge schräg einschneiden. Eventuell, je nach Geschmack, mit Olivenöl bestreichen und Oregano bestreuen.

Baguette bei einer Temperatur von 220 °C in den Ofen schieben. Ein Gefäß mit Wasser dazustellen und bei einer Temperatur von 180 °C fertig backen. Die Backzeit beträgt ca. 30 – 35 Minuten.

Ofenfrisches Baguette ist ein Leckerbissen. Beim Essen bricht man Stücke ab. Wegen seines aromatischen Geschmackes wird es von Feinschmeckern bevorzugt.

Nährwerte pro Portion (125 g):	
Energie	260 kcal / 1.090 kJ
Eiweiß	8,2 g
Fett	7,3 g
Kohlenhydrate	39,7 g
Ballaststoffe	6,9 g
Zucker	0,4 g

Grünkern-Sauerkraut-Brot

2 Brote à 750 g

200 g Sauerkraut · 200 g Grünkernmehl
550 g Dinkelmehl · ca. 450 g Wasser
30 g Hefe · 20 g Salz · 100 g Sauerteig
1/2 Teelöffel fein gemahlenes Brotgewürz
Sesam und Leinsamen zum Verzieren

Hefe und Salz im Wasser auflösen, Sauerteig, Brotgewürz, Dinkelmehl und Grünkernmehl dazugeben und zu einem glatten, mittelfesten Teig verarbeiten. Sauerkraut erst zum Schluss dazugeben.

45 Minuten rasten lassen. Den Teig in 2 gleich große Stücke teilen, rundwirken und auf ein Blech setzen. Mit Wasser bestreichen und mit Sesam und Leinsamen bestreuen. Noch einmal ca. 20 – 25 Minuten ruhen lassen.

Den Ofen auf ca. 220 °C vorheizen. Ein Gefäß mit Wasser in den Ofen stellen und das Brot hineingeben. Nach 1 Minute die Temperatur auf 175 °C reduzieren.

Backzeit: ca. 50 – 55 Minuten.

Nährwerte pro Scheibe (40 g):	
Energie	81 kcal / 338 kJ
Eiweiß	2,4 g
Fett	0,5 g
Kohlenhydrate	16,3 g
Ballaststoffe	1,4 g
Zucker	0,1 g

Dinkel-Walnuss-Brot

3 Brote à 700 g

50 g Hefe · 30 g Salz · 100 g Sauerteig
650 g fein gemahlenes Dinkelvollkornmehl
300 g fein gemahlenes Roggenvollkornmehl
ca. 650 g auf 35 °C erwärmtes Wasser
300 g Walnüsse · 100 g Butter

Hefe, Salz und Sauerteig im Wasser auflösen, mit den anderen Zutaten zu einem Teig verarbeiten. Den Teig so lange mischen, bis er geschmeidig ist und sich von der Schüssel löst. Erst in diesen plastischen Teig die Nüsse kurz untermischen.

30 Minuten rasten lassen. In 3 gleich große Stücke teilen und rundwirken. Nach 5 Minuten Ruhezeit die Teigstücke zu eher langen Wecken formen und auf gefettete Backbleche setzen. Ca. 30 Minuten gären lassen, mit einem Messer in der Längsrichtung einen tiefen Schnitt von 2 cm machen.

Ohne Wasser in den auf 220 °C vorgeheizten Ofen hineingeben. Wasser braucht man nicht beigeben, das Brot soll ein sehr rustikales Aussehen erhalten.

Backdauer: ca. 40 Minuten.
Backtemperatur: 1 Minute bei 220 °C,
zum Fertigbacken 175 °C.

Nährwerte pro Scheibe (40 g):	
Energie	116 kcal / 484 kJ
Eiweiß	3 g
Fett	5,8 g
Kohlenhydrate	12,7 g
Ballaststoffe	2,5 g
Zucker	0,5

Dinkel-Kleingebäck

1.000 g Dinkelvollkornmehl, fein gemahlen
40 g Hefe
ca. 700 ml Wasser (20 °C)
25 g Salz
20 g Honig
20 g Butter

Das Dinkelvollkornmehl in eine Schüssel geben und in die Mitte eine Vertiefung (Mulde) hineindrücken. Hefe in etwas Wasser auflösen und hineinschütten. Salz und Honig dazugeben und von der Mitte aus mit der Butter langsam vermengen. Nach und nach Wasser beigeben. Den Teig sehr kräftig durchkneten, bis er geschmeidig ist und Blasen wirft.

Der Teig soll eine eher weiche Konsistenz aufweisen. Der Grund ist: Die Kleieteilchen, die im Vollmehl enthalten sind, nehmen zwar viel, aber nur langsam Wasser auf. Holzfaserstoffe sind sehr saugfähig, dadurch wird der Teig während der Ruhezeit automatisch fester.

Den Teig zudecken und ihn an einem warmen Ort 25 Minuten aufgehen lassen. Nach dieser Ruhezeit wird er „ausgestoßen“. Zu diesem Zweck Teig auf eine bemehlte Arbeitsplatte legen und mit beiden Händen flach drücken. Dadurch werden die verbrauchten Gärgase herausgedrückt, es kommt Luft in den Teig, die Hefezellen können sich leichter vermehren, der Teig gärt schneller. Noch einmal rundwirken (eine Kugel formen) und kleine Teigstücke mit einem Gewicht von 60 g abwiegen. Die ausgewogenen Teigstücke rundwirken und zu den einzelnen Dinkel-Kleingebäck-Sorten formen.

Für Salzstangerln den Teig mit einem Rollholz oval ausrollen. Das untere Ende des Teigstückes in die eine Hand nehmen und mit der anderen Hand das Teigstück einrollen. Bei Kipferln soll das Teigstück länger sein.

Das Kleingebäck bei 210 °C in den Ofen geben. Nach 1 Minute auf 180 °C zurückschalten. Ein Gefäß mit Wasser in den Ofen stellen.

Backdauer: ca. 15 – 20 Minuten.

Nährwerte pro Stück (50 g):	
Energie	111 kcal / 464 kJ
Eiweiß	4 g
Fett	1,4 g
Kohlenhydrate	20,4 g
Ballaststoffe	3,3 g
Zucker	0,2 g

Dinkel-Sesam-Laibchen

Teig: siehe Dinkel-Kleingebäck · 100 g Sesam

Den Dinkelvollkornteig rundwirken, mit dem Schluss nach unten setzen und mit einem Messer an der Oberfläche einschneiden. Die Oberfläche mit Wasser bestreichen und in Sesam wälzen. Auf ein befettetes Backblech setzen und ca. 30 Minuten gären lassen.

Nährwerte pro Stück (50 g):	
Energie	131 kcal / 548 kJ
Eiweiß	4,5 g
Fett	3,2 g
Kohlenhydrate	20,7 g
Ballaststoffe	3,7 g
Zucker	0,2 g

Dinkel-Mohn-Laibchen

Teig: siehe Dinkel-Kleingebäck · 100 g Mohn

Wie Dinkelsesamlaibchen bearbeiten, jedoch mit Mohn bestreuen.

Nährwerte pro Stück (50 g):	
Energie	127 kcal / 530 kJ
Eiweiß	4,7 g
Fett	2,8 g
Kohlenhydrate	20,5 g
Ballaststoffe	4 g
Zucker	0,2 g

Dinkel-Kümmel-Laibchen

Teig: siehe Dinkel-Kleingebäck
100 g Kümmel

In 500 g Teig ca. 15 g Kümmel gut hineinarbeiten. Teigstücke abwiegen, rundwirken, länglich formen und mit dem Schluss nach oben auf ein befettetes Backblech setzen.

Mit Wasser bestreichen und mit Kümmel bestreuen. Kurze Gärdauer: ca. 20 Minuten. Durch die relativ kurze Gärzeit „reißt" der Schluss besser auf.

Nährwerte pro Stück (50 g):	
Energie	123 kcal / 514 kJ
Eiweiß	4,6 g
Fett	1,8 g
Kohlenhydrate	21,6 g
Ballaststoffe	3,8 g
Zucker	0,5 g

Dinkel-Salzstangerln

Teig: siehe Dinkel-Kleingebäck
50 g Kümmel · 50 g Salz

Teigstück rundwirken und auf dem Arbeitstisch ca. fünf Minuten aufgehen lassen. Teigstücke zu je 60 g mit dem Rundholz oval ausrollen (Länge: 20 cm).

Nun folgt ein Arbeitsvorgang, der bereits ein wenig Übung erfordert.

Die Salzstangerln werden „handgewickelt": Der ovale Fleck wird mit dem Handballen unter gleichzeitigem leichtem Drücken und Rollen zu einem Salzstangerl geformt.

Mit Wasser bestreichen und mit einer Mischung aus Kümmel und Salz bestreuen. Gärdauer: ca. 25 Minuten.

Nährwerte pro Stück (50 g):	
Energie	117 kcal / 489 kJ
Eiweiß	4,3 g
Fett	1,6 g
Kohlenhydrate	21 g
Ballaststoffe	3,5 g
Zucker	0,4 g

Dinkel-Soja-Weckerl

22 Stück à 80 g

350 g grob gemahlener Sojaschrot
ca. 700 g auf 25 °C erwärmtes Wasser
20 g Salz · 30 g Hefe · 500 g fein gemahlenes Dinkelvollkornmehl · 150 g Sauerteig

350 g Sojaschrot in 500 g Wasser ca. zwei Stunden vor dem Teigmischen einweichen.

Salz und Hefe in 200 g Wasser auflösen, mit Dinkelmehl, eingeweichtem Sojaschrot und Sauerteig zu einem Teig mischen. 20 Minuten rasten lassen, noch einmal kräftig durchmischen. Nach einer weiteren Teigruhe von 20 Minuten aufarbeiten.

Den Dinkel-Soja-Weckerl-Teig in ca. 60 – 80 g gleich schwere Teile teilen, rundwirken, mit dem Schluss nach unten auf ein gefettetes Backblech setzen. Man kann die Weckerln vor dem Backen mit Wasser bestreichen und in Vollkornmehl oder in den verschiedenen Saaten wälzen (Sesam, Sonnenblumen, Leinsamen ...).

Auf dem Backblech 40 Minuten gären lassen. Vor dem Backen mit einem scharfen Messer 3-mal quer einschneiden und in den Ofen geben. Die Anfangstemperatur soll 210 °C, die Ausbacktemperatur 180 °C betragen. Backzeit: ca. 15 – 20 Minuten.

Nährwerte pro Stück (80 g):	
Energie	147 kcal / 616 kJ
Eiweiß	10 g
Fett	4,3 g
Kohlenhydrate	17 g
Ballaststoffe	5,5 g
Zucker	0,6 g

Hirsebrot

2 Brote mit ca. 650 g

30 g Hefe
24 g Salz
30 g Sauerteig
ca. 300 ml Wasser
500 g Weizenvollkornmehl
100 g Roggenvollkornmehl
500 g gedämpfte Hirse (Hirse rechtzeitig dämpfen und gut auskühlen lassen)

Hefe, Salz und Sauerteig in Wasser auflösen und mit den anderen Zutaten zu einem eher festen Teig verarbeiten. Die gedämpfte Hirse bei halber Mischzeit zugeben. Den Teig zugedeckt ca. 50 Minuten rasten lassen.

Anschließend den Teig in zwei gleich große Stücke teilen und rundwirken. Mit Wasser bestreichen und mit Hirseflocken bestreuen.

Ca. 40 Minuten gären lassen und bei einer Temperatur von 220 °C in den Backofen geben. Ein Gefäß mit Wasser in den Ofen stellen, nach 1 Minute die Temperatur auf 175 °C reduzieren und ca. 55 Minuten fertig backen.

Nährwerte pro Scheibe (40 g):	
Energie	79 kcal / 330 kJ
Eiweiß	2,8 g
Fett	0,7 g
Kohlenhydrate	15,2 g
Ballaststoffe	2,3 g
Zucker	0,2 g

Kamutbrot
mit Hafer und Hirse

2 Brote à 800 g

30 g Salz · 40 g Hefe · ca. 600 ml Wasser
850 g Kamutvollkornmehl, fein gemahlen
150 g Hafervollkornmehl, mittelgrob gemahlen
100 g Hirse, frisch gemahlen · 50 g Sauerteig
Brotgewürz nach Geschmack

Salz und Hefe in Wasser auflösen und mit den restlichen Zutaten zu einem eher weichen Teig verarbeiten. 45 Minuten ruhen lassen.
Den Teig in zwei gleich große Stücke teilen. Zuerst rundwirken, dann zu Wecken formen. In Hafermehl oder Haferkleie wälzen und beide Teigstücke in Brotbackformen geben. Teig abermals 45 Minuten ruhen lassen.

Den Ofen auf 220 °C vorheizen, ein Gefäß mit Wasser dazustellen. Brote hineingeben und nach 1 Minute auf 175 °C zurückdrehen. Die Backzeit beträgt ca. 60 – 65 Minuten.
Das Brot vor dem Anschneiden gut auskühlen lassen.

Kamutbrot mit Hafer und Hirse zeichnet sich durch eine besonders gute Haltbarkeit aus.

Nährwerte pro Scheibe (40 g):	
Energie	88 kcal / 370 kJ
Eiweiß	4,2 g
Fett	0,7 g
Kohlenhydrate	16,3 g
Ballaststoffe	0,2 g
Zucker	0 g

Karotten-Nuss-Brot

3 Brote á ca. 700 g

50 g Hefe · 30 g Salz · 100 g Sauerteig
ca. 750 ml Wasser, 35 °C
650 g Weizenvollkornmehl, fein gemahlen
300 g Roggenvollkornmehl, fein gemahlen
40 g Olivenöl
300 g Walnüsse oder Haselnüsse, klein gehackt
200 g Karotten, gerieben

Hefe, Salz und Sauerteig in Wasser auflösen und mit den anderen Zutaten zu einem Teig verarbeiten. Den Teig so lange mischen, bis er geschmeidig ist und sich von der Schüssel löst. Erst in diesem plastischen Teig die Nüsse und Karotten kurz untermischen. Den Teig 60 Minuten rasten lassen, in drei gleich große Stücke teilen und rundwirken.

Nach fünf Minuten Ruhezeit die Teigstücke zu langen Wecken formen und auf befettete Backbleche setzen. Die Wecken ca. 30 Minuten gären lassen, dann mit einem Messer in Längsrichtung 2 cm tief einschneiden. Ohne Wasser in den vorgeheizten Ofen (220 °C) geben (das Brot soll ein rustikales Aussehen haben). Die Ausbacktemperatur soll 175 °C betragen. Die Backdauer beträgt ca. 40 Minuten.

Nährwerte pro Scheibe (40 g):	
Energie	108 kcal /450 kJ
Eiweiß	3 g
Fett	4,8 g
Kohlenhydrate	13 g
Ballaststoffe	2,7 g
Zucker	0,6 g

Grünkernweckerln
mit Mozzarella

30 Stück

60 g Hefe · 20 g Salz
ca. 600 ml Wasser
300 g Grünkernvollkornmehl, frisch gemahlen
700 g Dinkelvollkornmehl, frisch gemahlen
10 g Butter
300 g Mozzarella, Oregano

Hefe und Salz in Wasser auflösen und mit den restlichen Zutaten zu einem Teig verarbeiten. Butter erst im letzten Drittel zugeben. Den Teig 30 Minuten ruhen lassen. Teigstücke zu 60 g abwiegen, rundwirken und Weckerln formen. Sofort auf ein befettetes Backblech geben und ca. 40 Minuten aufgehen lassen. Danach die Weckerln der Länge nach 1 cm tief einschneiden, Mozzarella hineinfüllen und etwas Oregano darüber streuen (je nach Geschmack).

Die Weckerln bei 210 °C in den vorgeheizten Ofen geben, ein Wassergefäß dazustellen und nach 1 Minute auf 180 °C zurückdrehen.

Die Backzeit beträgt ca. 20 Minuten.

Nährwerte pro Stück (60 g):	
Energie	113 kcal / 472 kJ
Eiweiß	5,2 g
Fett	2,6 g
Kohlenhydrate	16,2 g
Ballaststoffe	2,6 g
Zucker	0,2 g

Spargelbrot

2 Brote mit ca. 900 g

200 g grüner Spargel · 35 g Salz · 30 g Hefe
175 g Sauerteig · ca. 700 ml Wasser
500 g Weizenvollkornmehl, fein gemahlen
500 g Roggenvollkornmehl, fein gemahlen
20 g Butter · 15 g Brotgewürz, gemahlen

Den rohen grünen Spargel in ca. 1 cm lange Stücke schneiden und etwas salzen.
Hefe, Salz und Sauerteig in Wasser auflösen und mit den restlichen Zutaten zu einem mittelfesten Teig mischen. Den Teig so lange mischen, bis er geschmeidig ist und sich von der Schüssel löst.

Den geschnittenen Spargel in den Teig geben, kurz durchmischen, auf ein Holzbrett geben und zudecken. Die Teigruhe beträgt 60 Minuten.

Danach den Teig in zwei gleich große Stücke teilen, aufarbeiten und in zwei Brotbackformen geben. Nach dem Aufarbeiten beträgt die Teigruhe 45 Minuten.

Bei 220 °C in das vorgeheizte Backrohr geben und ein Gefäß mit Wasser dazustellen. Nach 1 Minute auf 175 °C zurückdrehen und ca. 75 Minuten fertig backen.

Nährwerte pro Scheibe (40 g):	
Energie	85 kcal / 354 kJ
Eiweiß	2,7 g
Fett	1 g
Kohlenhydrate	16,1 g
Ballaststoffe	3 g
Zucker	0,2 g

Quinoa-Weckerln

mit Sonnenblumenkernen

30 Stück à 70 g

60 g Hefe · 30 g Salz · ca. 800 g Wasser
200 g Quinoamehl · 800 g Dinkelmehl
250 g Sonnenblumenkerne · · 20 g Butter

Hefe mit Salz im Wasser auflösen, mit den restlichen Zutaten zu einem etwas weicheren Teig verarbeiten. Ca. 12 –15 Minuten rasten lassen.

Stücke à 70 g abwiegen (ca. 30 Stück) und rundformen. Kurz rasten lassen, zu Weckerln formen, mit Wasser bestreichen und mit Sonnenblumenkernen bestreuen. Auf ein befettetes Backblech geben und ca. 30 Minuten aufgehen (gären) lassen.

Den Ofen auf 210 °C vorheizen, ein Gefäß mit Wasser dazustellen und die Sonnenblumenkernweckerln hineingeben. Nach 1 Minute auf 180 °C zurückdrehen und ca. 15 – 20 Minuten fertig backen.

Variante
Sie können statt Sonnenblumenkernen auch Kürbiskerne verwenden.

Nährwerte pro Stück (70 g):	
Energie	166 kcal / 696 kJ
Eiweiß	5,4 g
Fett	5 g
Kohlenhydrate	24,7 g
Ballaststoffe	1,9 g
Zucker	0,1

Käse-Bierstangen

17 Stück à 45 g

300 g Weizenvollkornmehl
270 g Butter
100 g Parmesan
100 g Emmentaler
2 Eidotter (Eigelb)
10 g Kümmel
10 g Salz
1 Messerspitze Paprika
1 Messerspitze Pfeffer
etwas Bier · Ei zum Bestreichen

Käsemischung:
Parmesan und Emmentaler reiben und mit Kümmel mischen

Weizenvollkornmehl auf ein Backbrett geben, eine Mulde hineindrücken, alle Zutaten dazugeben und rasch zu einem Teig verkneten. Der Teig soll nicht zu weich sein. Bei Bedarf Mehl dazugeben. In den Kühlschrank geben und eine Stunde absteifen lassen.

Teig 5 mm dick zu einem rechteckigen Fleck ausrollen, mit Ei bestreichen und mit der Käsemischung bestreuen. Den Fleck der Breite nach in 8 cm Streifen einteilen und schneiden. Von diesen Streifen Stangen von 1 cm Breite und 8 cm Länge schneiden.

Auf das mit zerlassener Butter befettete und mit Weizenvollkornmehl bestaubte Backblech setzen und im vorgeheizten Ofen bei 180 °C backen. Backzeit: ca. 15 Minuten.

Nährwerte pro Stück (45 g):	
Energie	240 kcal / 1.006 kJ
Eiweiß	7 g
Fett	19 g
Kohlenhydrate	10,8 g
Ballaststoffe	1,8 g
Zucker	0,1 g

Gewürzter Quinoa-Wecken

mit Sauermilch

2 Wecken à 750 g

50 g Hefe · 25 g Salz · 100 g Sauermilch
ca. 600 ml Wasser
250 g Quinoamehl, frisch gemahlen
600 g Dinkelmehl, frisch gemahlen
150 g Roggenmehl, frisch gemahlen
10 g Brotgewürzmischung

Hefe, Salz, Sauermilch in Wasser auflösen und mit den restlichen Zutaten zu einem mittelfesten Teig mischen. Die Teigruhe beträgt 40 Minuten. Den Teig in zwei gleich große Stücke teilen und rundwirken.
Die rundgewirkten Teigstücke ca. 3 – 5 Minuten rasten lassen, zu Wecken formen und mit dem Schluss nach unten auf ein befettetes Backblech setzen.

Nach ca. 30 – 35 Minuten mit Wasser bestreichen und mit ganzen Gewürzen wie Fenchel, Anis und Koriander bestreuen.

3-mal quer einschneiden und in das auf 220 °C vorgeheizte Backrohr schieben. Nach 1 Minute auf 175 °C zurückdrehen und ca. 50 – 55 Minuten backen.

Nährwerte pro Scheibe (40 g):	
Energie	81 kcal / 338 kJ
Eiweiß	3,1 g
Fett	0,9 g
Kohlenhydrate	14,9 g
Ballaststoffe	2,1 g
Zucker	0,1 g

Quinoa-Knoblauchflade

6 Stück à 300 g

70 g Hefe · 25 g Salz · 200 g Sauerteig
ca. 750 ml Wasser
400 g Quinoamehl, frisch gemahlen
200 g Dinkelmehl, frisch gemahlen
400 g Roggenmehl, frisch gemahlen
25 g Knoblauch, frisch gepresst

Hefe, Salz und Sauerteig in Wasser auflösen und mit den restlichen Zutaten zu einem weichen Teig verarbeiten. Die Teigruhezeit beträgt 50 Minuten. Anschließend den Teig in 6 gleich große Stücke teilen (das sind ca. 350 g), rundwirken und mit einem Rollholz ca. 1,5 – 2 cm dick ausrollen. Auf beiden Seiten gut mit Roggenmehl bestauben und auf befettete Backbleche setzen.

Nach ca. 20 – 25 Minuten bei 210 °C ins vorgeheizte Backrohr geben, nach 1 Minute auf 180 °C zurückdrehen. Die Backzeit beträgt 20 – 25 Minuten.

Um einen noch intensiveren Knoblauchgeschmack zu erreichen, kann man bis 40 g Knoblauch zugeben und nach dem Ausbacken die Fladen mit Knoblauchöl bestreichen.

Nährwerte pro Stück:	
Energie	450 kcal / 1.883 kJ
Eiweiß	15,6 g
Fett	4,2 g
Kohlenhydrate	86,5 g
Ballaststoffe	7,1 g
Zucker	0,8 g

Parmesan-Kipferl

20 Stück à 30 g

150 g Weizenvollkornmehl
150 g Butter
150 g geriebener Parmesan
2 Eidotter (Eigelb)
1 Prise Salz
etwas geriebene Muskatnuss
1 Eiweiß

Käsemischung:
100 g Parmesan
2 Teelöffel Kümmel
Ei zum Bestreichen
Kümmel zum Bestreuen

Weizenvollkornmehl auf ein Arbeitsbrett geben, in die Mitte eine Mulde drücken, Butter, Parmesan, Eidotter, Salz und Muskatnuss dazugeben und rasch zu einem Käsemürbteig zusammenkneten. Zum Absteifen 1 Stunde in den Kühlschrank geben.

Käsemürbteig 2 mm dick ausrollen, mit abgeschlagenem Eiweiß bestreichen, die Käsemischung auftragen und gleichmäßig verteilen. Den Teigfleck in gleichmäßige Dreiecke teilen (mit einer Seitenlänge von 8 cm), aufschneiden.

TIPPS

- Bei der Herstellung von Käsemürbteig ist es sehr wichtig, dass alle Zutaten kalt sind.
- Dieser Teig lässt sich auch in größeren Mengen herstellen und bis zu 2 Tagen im Kühlschrank bei 0 °C bis +4 °C lagern.
- Neben der Zeitersparnis ergibt sich noch ein weiterer Vorteil: abgelagerter Teig lässt sich besser verarbeiten.

Die Dreiecke locker zusammenrollen, zu Kipferln formen, mit Ei bestreichen, mit Kümmel bestreuen und auf das mit zerlassener Butter befettete und mit Weizenvollkornmehl bestaubte Backblech setzen.

Im auf 180 °C vorgeheizten Backrohr backen.
Backzeit: ca. 15 Minuten.

Nährwerte pro Stück (30 g):	
Energie	142 kcal / 596 kJ
Eiweiß	5,5 g
Fett	11,5 g
Kohlenhydrate	4,5 g
Ballaststoffe	0,8 g
Zucker	0 g

Literatur

Leitzmann C, Keller M, Hahn A.
Alternative Ernährungsformen.
Hippokrates Verlag GmbH, Stuttgart 1999

Leitzmann C, Müller C, Michel P, Brehme U, Hahn A, Laube H.
Ernährung in Prävention und Therapie. Hippokrates Verlag GmbH, Stuttgart 2001

Kasper H.
Ernährungsmedizin und Diätetik.
Urban & Fischer Verlag 2000

Deutsche Gesellschaft für Ernährung.
Ernährungsbericht 2000.
DGE Frankfurt am Main 2000

Schauder P, Ollenschläger G.
Ernährungsmedizin. Prävention und Therapie.
Urban & Fischer Verlag, München 2003

Watzl B, Leitzmann C.
Bioaktive Substanzen in Lebensmitteln. Hippokrates Verlag GmbH, Stuttgart 1999

Eichholzer M.
Protektive Nahrungsfaktoren in der Primärprävention von Krebs.
Verlag Hans Huber, 1998

Elmadfa I, Leitzmann C.
Ernährung des Menschen.
Ulmer Verlag, 1998

Deutsche Gesellschaft für Ernährung et al., Referenzwerte für die Nährstoffzufuhr. Umschau Braus GmbH, Verlagsgesellschaft, 2000

Rezeptregister

Amaranth-Brot mit Kürbiskernen 112
Amaranth-Gemüse-Eintopf 54
Amaranthgemüse mit Hühnchen 54

Briochestriezel aus Kamutmehl 100
Buchweizengnocchi mit Tomatensoße 60
Buchweizen mit Kohl 55
Bulgur-Auflauf mit Schafkäse 55
Bulgur-Gemüse-Suppe 52
Bulgur-Kohlsprossen-Pfanne 56
Bulgur-Orangen-Salat 47
Bulgurpfanne mit Putenstreifen 56

Chicorée-Gratin 47

Dinkel-Grünkern-Baguette mit Oliven 115
Dinkel-Hafer-Brot 112
Dinkel-Kamut-Buchteln 104
Dinkel-Kartoffel-Laibchen mit Sauerkraut 58
Dinkel-Käsespätzle 66
Dinkel-Kipferln mit Kürbiskernen 114
Dinkel-Kleingebäck 118
Dinkel-Kümmel-Laibchen 119
Dinkel-Mohn-Laibchen 119
Dinkel-Salzstangerln 120
Dinkel-Sesam-Laibchen 119
Dinkel-Soja-Weckerl 120
Dinkel-Tascherln mit Käsefüllung 63
Dinkel-Tascherln mit Lauch-Tofu-Füllung 64
Dinkel-Walnuss-Brot 116
Dinkelbrot 111
Dinkelrisotto 59
Dinkelrisotto mit Pilzen 59
Dinkelsalat mit Emmentaler 48

Eierschwammerln mit
Vollkorn-Semmelknödel 62

Gemüsepalatschinken 77
Germknödel mit Dinkelvollkornmehl 70
Gersten-Spinat-Auflauf 71
Gerstenknödel mit Lauch-Käse-Soße 72
Getreideporridge 71
Grießnudeln 102
Grießschnitten, überbacken 46
Grünkern-Käse-Laibchen 73
Grünkern-Sauerkraut-Brot 116
Grünkern-Vanille-Creme
mit frischen Früchten 94
Grünkernauflauf mit Käse 73
Grünkernaufstrich 46
Grünkernsuppe 50
Grünkernweckerln mit Mozzarella 123

Hafer-Karotten-Laibchen 77
Haferbrei mit Erdbeeren 94

Hirse-Biskotten 96
Hirse-Soufflé 48
Hirsebrot 122
Hirselaibchen 76
Hirsenockerln auf Zucchini-Paprika-Gemüse 80
Hirseschnitten 96
Hirsesuppe 52

Kamut-Dinkel-Biskuitroulade 92
Kamut-Hirse-Palatschinken mit Gemüsefülle 78
Kamut-Tascherln mit Spinat-Schafkäse-Fülle 82
Kamutbrot mit Hafer und Hirse 122
Karotten-Nuss-Brot 123
Käse-Bierstangen 126
Krautstrudel, steirischer 68

Nudelauflauf, italienischer 81
Nudelauflauf mit Tomaten und Mozzarella 74
Nudeln 89
Nudeln mit Ei , selbst gemacht 89
Nudeln ohne Ei, selbst gemacht 90
Nuss-Rosinen-Weckerln 92

Paprika, gefüllt 67
Parmesan-Kipferl 128
Pizzateig Grundrezept 84
Pizza, schnelle 85
Polenta-Auflauf 102
Polentaschnitten 76
Powerkugeln 104

Quinoa-Auflauf 98
Quinoa-Fleisch mit Gemüse 78
Quinoa-Knoblauchflade 127
Quinoa-Nuss-Laibchen mit Kürbissoße 81
Quinoa-Wecken mit Sauermilch 127
Quinoa-Weckerln mit Sonnenblumenkernen 124

Reis-Gemüse-Topf 88
Reisfleisch 86

Sauerteig, Herstellung 110
Schinken-Bulgur-Auflauf 58
Spargelbrot 124
Striezel aus Dinkel 98

Tomaten-Dinkel-Crostini 50
Topfenpalatschinken 100

Vollkorn-Dinkel-Sachertorte 106
Vollkorn-Kaiserschmarren 70
Vollkorn-Nudeln mit Basilikum und Knoblauch 90
Vollkorn-Strudelteig Grundrezept 88
Vollkorn-Teegebäck 108
Vollkorn-Teekuchen 108

Zartweizen-Lauch-Laibchen 86

Für Ernährungsbewusste
Kneipp Bund
Die Kneippbewegung gibt es auf der ganzen Welt, die 3 größten Verbände befinden sich in Österreich, Deutschland und in der Schweiz. An die 1.000 lokale Kneipp-Vereine oder Aktiv-Clubs bieten ihren Mitgliedern das Kneipp-Gesundheitsprogramm an: In Kursen kann man die Kneipp-Wasseranwendungen erlernen.
Zum Kneipp-Programm gehören auch eine gesunde Ernährung, die Verwendung von Heilkräutern, viel Bewegung und eine Lebensordnung, die die Basis für ein Bestehen in allen Lebenslagen bietet. Viele Kneipp-Aktiv-Clubs bieten »Schlank ohne Diät« in Selbsthilfegruppen an.
50.000 Mitglieder gehören dem Österreichischen Kneippbund an,
160.000 dem Deutschen Kneippbund e. V. und
16.000 dem Schweizer Kneippverband.
Wir laden auch Sie ein, Mitglied der Kneippbewegung zu werden!
Fordern Sie kostenlos unsere Informationsbroschüren an.
Interessenten wenden sich an:
Österreichischer Kneippbund
Kunigundenweg 10 · A-8700 Leoben · Tel.: (0 38 42) 2 17 18 · FAX: DW 19
Internet: www.kneippbund.at · E-Mail: office@kneippbund.at
Kneipp-Bund e.V., Deutschland
Adolf-Scholz-Allee 6 – 8 · D-86825 Bad Wörishofen · Tel.: (0 82 47) 30 02-0
Internet: www.kneippbund.de · E-Mail: kneippbund@t-online.de
Schweizer Kneippverband
Weissensteinstraße 35 · CH-3007 Bern · Tel.: (0 31) 3 72 45 43
Internet: www.kneipp.ch · E-Mail: info@kneipp.ch
Kleine Dosis täglich –
große Wirkung ein Leben lang!